Inversión en bolsa para principiantes:

Dominio del mercado con confianza y disciplina

Estrategias para obtener ingresos pasivos, hacer crecer su riqueza y empezar a ganar dinero hoy mismo. Day Trade for Living.

Para ello, primero hay que aprender los fundamentos. Ahora bien, la introducción al mercado es siempre la parte que más escabrosa, por lo que es necesario que esté atento en todo el proceso. Desde aprender qué tipo de inversor es usted, los tipos de acciones en los que quiere invertir y cómo podría ganar con sus inversiones, los fundamentos establecerán la base desde la que podrá construir sus éxitos en el mercado de valores.

Una vez superados los conceptos más básicos, empezaremos a repasar la compra de acciones. Aquí hay que aprender bastantes habilidades, desde la investigación hasta la especulación de qué acciones van a subir mucho de valor en los próximos días. Aquí es donde entra en juego la parte científica, ya que deberá aprender a ser preciso y metódico con sus inversiones de forma regular.

Otro aspecto crucial de la inversión en acciones es aprender lo que no se debe hacer. A lo largo de los años, hay innumerables inversores que cometieron varios errores que truncaron su estancia en el mercado. La mejor manera de sacar provecho de estos errores es aprender cuáles son, cómo se pueden realizar y qué se puede hacer para evitar caer en estas situaciones.

El riesgo también será otro aspecto crucial que aprenderá a lo largo de este libro. No hay nada seguro en el mundo de las inversiones. Las cosas pueden empeorar en un instante debido a factores que escapan a su control. Si aprende a lidiar con el riesgo, podrá al menos aprovechar sus éxitos sin ponerse innecesariamente en situaciones en las que pierda más dinero del que debería ganar.

Una vez que haya realizado su primera inversión con éxito, lo siguiente que debe aprender es cómo aprovechar sus éxitos. Aquí se le enseñará a ampliar cuidadosamente su cartera de inversiones, al tiempo que se enfrenta a los nuevos retos que supone mantener el impulso de su éxito. Como mínimo, esto debería asegurar que su estancia en el mercado de valores no se convierta en algo breve.

Ahora, se preguntará "¿Puedo hacer todo esto y tener éxito?". La respuesta es sí. Aquí también conocerá a varios inversores de éxito y aprenderá cómo ellos mismos se hicieron grandes en sus respectivos mercados. Con su perspectiva, es posible que pueda aprender algunos trucos para usted y hacer su propio camino hacia el éxito.

En definitiva, esto no es más que un vistazo de lo que aprenderá a medida que vaya recorriendo cada página del libro. No se preocupe, toda esta información se basa en varios años de experiencia personal en el mercado y se condensa de manera que sea fácil de entender para el más novato de los principiantes.

¿Es exigente invertir en bolsa? Tal vez. ¿Es lo suficientemente fácil para que los principiantes lo entiendan y tengan éxito? Definitivamente sí. Una vez más, todo lo que se necesita es que se entiendan bien los fundamentos, que se armen con las herramientas y los conocimientos adecuados, y que se realicen los movimientos correctos en el momento adecuado. El resto, como se suele decir, depende de la pura suerte.

Si la mera noción de cosechar las recompensas financieras de una actividad de relativamente alto riesgo le entusiasma, entonces vamos a sumergirnos primero en el mundo de la inversión bursátil.

¡Diviértase!

Capítulo I: La entrada en el mercado

Imagine esta escena:

Está en casa viendo un programa de noticias. En cuanto aparecen noticias sobre acciones, cambia de repente a otro canal. ¿Por qué ocurre esto?

Hay muchas razones para ello, pero la principal es que la información que se le ofrece le resulta demasiado intimidante. Esos cuadros, gráficos, cifras y tendencias parecen importantes, pero se presentan de una manera que podría asustar a cualquiera que no sepa casi nada sobre inversiones. Ni siquiera ayuda el hecho de que se utilice una jerga exclusiva del sector, lo que hace que los segmentos sean aún más intimidantes para los no inversores.

Sin embargo, la cuestión es la siguiente: ¿Todas esas noticias sobre el mercado de valores? Están pensadas para gente que ya está en ella. Entonces, ¿cómo puede un principiante como usted tener una apreciación de todo el mercado?

Para ello, hay que entender primero algunos conceptos básicos.

(**NOTA:** El capítulo cubrirá cosas muy básicas sobre la inversión en acciones. Si cree que puede entender lo esencial del capítulo sin leerlo, puede pasar al capítulo 2. Pero si no, le recomiendo que pase primero por esta parte).

¿Qué es una acción?

Vamos a quitarnos de encima lo más básico. ¿Qué es exactamente una acción? La definición de lo que constituye una acción puede ser bastante complicada, pero el concepto más básico es una especie de derecho sobre los activos y los beneficios de una empresa.

Entonces, ¿cómo entran en juego las acciones exactamente? Lo que hay que entender es que todas las empresas tienen una cantidad finita de capital para funcionar correctamente. Para conseguir más capital, tienen que pedir dinero a cambio de una parte de lo que esa empresa posee y gana.

En esencia, cuando invierte en acciones, se vincula personalmente a la existencia, el éxito y la longevidad general de una empresa. En resumen, se convierte en accionista de esa empresa. Y cuando esa empresa gana, usted lo hace.

En los próximos capítulos se hablará más ampliamente de las acciones. Lo que debe preocuparle ahora es que una acción siempre se refiere a una relación a largo plazo con una empresa. La forma en que usted gana con sus inversiones depende en gran medida de cuándo invirtió en una determinada acción y de cómo se comporta la empresa de la que procede esa acción de forma regular.

¿Qué es la Bolsa?

El mercado de valores es simplemente el lugar donde se emiten, compran, negocian y venden las acciones, ya sea en un mostrador físico o a través de las distintas bolsas de valores. Casi todos los países tienen sus propios mercados de valores y una bolsa de valores específica. Sin ellos, la economía de ese país tiende a estar bastante estancada o, peor aún, a no funcionar.

El objetivo de cualquier mercado de valores es siempre doble. El primero es **proporcionar capital.** Ahora bien, como se ha dicho unos párrafos antes, las empresas necesitan capital para funcionar. Y para conseguir capital, necesitan inversores. Para llamar la atención de los inversores potenciales, no tienen que anunciarse por la radio o a través de la prensa.

En lugar de ello, cotizan en el mercado de valores local. Una vez que cotizan en bolsa, todas las acciones con las que pueden comerciar se hacen públicas para su comercialización. Una vez que las acciones cotizan, el capital entra a raudales en la empresa.

He aquí un ejemplo: Supongamos que la empresa A necesita capital. Para ello, cotiza en el mercado de valores local y emite 1 millón de acciones a 5 dólares cada una. Siempre que se vendan todas estas acciones, la empresa obtiene 1 millón de accionistas que aportan cada uno 5 dólares por acción para aumentar el capital de la empresa en 5 millones de dólares.

Por supuesto, podrían obtener el capital a través de préstamos, pero la venta de acciones es una forma de obtener dicha cantidad sin incurrir en deudas y pagar intereses por ello.

El segundo propósito es que los inversores **compartan beneficios.** Hay varias formas de obtener beneficios de las acciones, pero la mayoría se dividen en dos categorías. La primera es a través de medios pasivos en los que la acción gana en dividendos para el inversor durante un periodo de tiempo.

La segunda es a través de medios más activos mediante una operación. Si, por ejemplo, el inversor compró 6 acciones a 10,00 dólares cada una, tiene la opción de mantenerlas a su nombre durante el mayor tiempo posible o venderlas en el momento en que las mismas acciones de la misma empresa coticen a 20,00 dólares cada una. En esencia, recupera su inversión inicial más una bonificación del 100%. Esto ayuda a la empresa a ganar más inversores sin liberar nuevas acciones, mientras que el inversor obtiene ganancias de cada una de sus inversiones.

Lo que hay que saber sobre la Bolsa

A partir de ahora, la idea de entrar en cualquier mercado de valores puede ser intimidante para usted como principiante. Para asegurarse de que su entrada en el mercado sea lo más fluida posible, aquí tiene algunas cosas más que necesita saber sobre el mercado de valores.

1. Índices de mercado

Cuando vea las noticias del mercado de valores, es posible que haya notado esas pequeñas cifras que suben y bajan. Se trata básicamente de lo que se denomina índices de mercado, que le indican el rendimiento de una determinada clase de acciones o empresas en el entorno actual del mercado. Algunos canales de noticias utilizan los datos del S&P 500 o del Promedio Industrial Dow Jones para informarle del rendimiento de un tipo de acción, corporación o incluso de todo un sector del mercado.

Un índice de mercado es importante porque le indica a usted, como inversor, cómo actuar en los próximos días. ¿Debe deshacerse de sus acciones y venderlas baratas? ¿Debe comprar nuevas acciones de una determinada empresa? ¿Debe seguir manteniendo esas acciones con la esperanza de que sus precios suban dentro de unos meses? Su índice de mercado le dirá exactamente eso.

2. Comercio de acciones

Un buen inversor sabe que debe diversificar su cartera o mantener algunos fondos de índices bursátiles. En realidad, estas son estrategias legítimas para mantenerse en cualquier mercado. Sin embargo, si tiene ganas de un poco más de acción, debería considerar el comercio de acciones. Si se sincronizan bien las operaciones, se puede ganar mucho con las inversiones, incluso si se empieza con un puñado de dólares.

Los operadores de bolsa suelen clasificarse por la frecuencia de su actividad. Están los operadores diarios que, sencillamente, negocian acciones todos los días. También hay traders periódicos que realizan regularmente grandes operaciones cada pocos meses, más o menos. Hay traders que realizan sus actividades exclusivamente en las bolsas de valores físicas y luego están los que hacen las suyas en línea.

A medida que vaya leyendo este libro, irá aprendiendo más sobre el comercio de acciones. Lo que tiene que entender ahora es que esta actividad requerirá mucha investigación más que cualquier otra actividad relacionada con las acciones. Las herramientas, los gráficos y cualquier otro activo que pueda ayudarle a supervisar y predecir dónde suben y bajan las acciones pueden ayudarle en este aspecto.

3. ¿Toro u oso?

Tenga en cuenta que aventurarse en cualquier mercado de valores conlleva una serie de riesgos. Depende de usted prestar atención a estos riesgos para sobrevivir.

¿Cómo saber, entonces, que está bien aventurarse ahora en un determinado sector del mercado de valores? Hay bastantes términos que utilizan los inversores avezados, pero la mayoría utilizan "alcista" o "bajista".

Un mercado alcista es simplemente un mercado en el que las condiciones son más favorables para los inversores. Se dará cuenta de que está en un mercado alcista cuando los inversores están bastante seguros de sus transacciones. Piense en ello como en una mesa de póquer en la que el crupier muestra mucho su mano. Los jugadores se vuelven arrogantes con sus apuestas porque saben lo que viene después y pueden prepararse en consecuencia.

Un mercado bajista, en cambio, es aquel en el que los precios de las acciones se acercan a la caída libre. El umbral varía de un mercado a otro, pero puede estar seguro de que los inversores se muestran más cautelosos con sus transacciones o, en el peor de los casos, comienzan a retirarse de la zona.

Como principiante, debe saber qué patrón económico está presente en su mercado para saber cómo aprovechar la situación. Su único consuelo es que los mercados suelen durar más tiempo como alcistas que como bajistas. Si se encuentra en un mercado bajista, puede estar seguro de que la caída no durará mucho tiempo.

4. Colapsos (crashes) vs correcciones

Los colapsos y las correcciones son básicamente caídas del mercado de valores en general. En lo que difieren es en el porcentaje de la caída. Cuando la caída no es superior al 10%, se trata de una corrección. Pero si la caída fue repentina, simbolizada por un pico descendente en la tendencia, entonces se trata de un colapso.

Las caídas suelen indicar que el mercado se está volviendo bajista. Pero recuerde que esta caída no dura mucho tiempo. Los mercados de valores tienden a revalorizarse con el tiempo.

Lo que hay que entender es que las caídas y las correcciones ocurren más a menudo de lo que se piensa. Por lo tanto, es necesario tener disciplina para durar mucho tiempo en el mercado. La planificación a largo plazo y la asignación cuidadosa de recursos deberían ayudarle a sobrevivir a una caída.

Incluso existen herramientas que pueden ayudarle a determinar cuánto tiempo puede recuperarse de cualquier caída repentina. Y las conocerás unos cuantos capítulos más adelante.

5. Diversificación

Aunque no se pueden evitar las caídas del mercado, lo que sí se puede controlar es la cartera de inversiones. Un error que cometen los principiantes es no diversificar sus inversiones. Esto significa ceñirse a los valores con los que se sienten más cómodos sin aventurarse en otros tipos.

Esto es bastante precario, ya que no proporciona una especie de red de seguridad en su inversión. Por ejemplo, si invierte únicamente en un sector, ¿qué le ocurrirá cuando ese sector caiga? Todas sus inversiones caerían también junto con el valor global de su cartera.

Lo crea o no, muchas cosas que están fuera de su control pueden cambiar el panorama de un determinado mercado. Esto puede ir desde grandes convulsiones políticas, problemas económicos y normativos, e incluso la aparición de enfermedades.

La gestión del riesgo es una habilidad clave que debe desarrollar al aventurarse en cualquier mercado de valores. Tiene que saber qué inversiones que va a realizar conllevan los mayores riesgos y determinar si dichos riesgos pueden afectar o no a su cartera global.

Además, es necesario tener paciencia, ya que la creación de una cartera lleva un tiempo. Incluso puede buscar fondos de inversión y fondos indexados para diversificar su cartera al instante. Hay otras estrategias que puede utilizar para diversificar su cartera y, como siempre, las conocerás más adelante.

Para concluir

¿Es intimidante iniciarse en el mercado de valores?

Técnicamente, no debería ser así, pero eso no impide que la gente evite el mercado en su totalidad. Algunos piensan que el mercado es demasiado despiadado y que cualquiera que esté empezando puede acabar abrumado. Otros tienen tanto miedo de hacer malas inversiones que acaban por no hacer ninguna en primer lugar.

La verdad es que, efectivamente, los mercados de valores son bastante exigentes. No son tan indulgentes hasta el punto de que usted pueda ser recompensado por una mala inversión. Sin embargo, tampoco son tan despiadados como para que sólo puedan seguir ganando los que lo han hecho a lo grande.

La cuestión es que todo el mundo tiene las mismas posibilidades de éxito, independientemente de su experiencia en el mercado. Todos pueden aprovechar las mismas oportunidades y sufrir las mismas caídas. Todo es cuestión de ser consciente de la situación actual del mercado y jugar con sus puntos fuertes en consecuencia.

Ahora, si esa aprensión con el mercado ha desaparecido, es el momento de entrar en los fundamentos de la compra de sus primeras acciones.

Capítulo II: Inversiones

¿Qué son exactamente las inversiones? Básicamente, son objetos en los que se invierte dinero con la idea de que ese dinero crezca para usted. Lo que diferencia a las inversiones de los juegos de azar es que se espera que usted sepa en qué está invirtiendo exactamente su dinero y cómo va a obtener beneficios, a diferencia de las apuestas.

Pero cuando preguntamos el QUÉ cuando se trata de inversiones, lo que intentamos preguntar es "¿en qué forma vienen?". Por ello, familiarizarse con las cosas que se van a comprar y negociar en el mercado de valores y cómo se va a interactuar con ellas es bastante crucial para cualquier inversor.

Las acciones y el mercado de valores

Como se mencionó hace unos capítulos, el mercado de valores es un lugar donde se puede comprar, vender y negociar todo tipo de inversiones. Como tal, hay un buen número de formas de ganar dinero aquí.

Pero ¿cuál es exactamente el principal producto del mercado? Viene en forma de, bueno, acciones. Como se ha mencionado, las acciones son la prueba de su propiedad sobre los activos e ingresos de una empresa a cambio de aportar el capital de esta.

Lo que hace que las acciones sean tan buenas opciones de inversión es que su rentabilidad se ve directamente afectada por los resultados generales de una empresa. Si la empresa va bien, su valor crece. Y cuando el valor de la empresa crece, también lo hace el valor de su acción.

Y aquí es donde usted puede sacar provecho de sus acciones, ya sea intercambiando su propiedad por otra según el valor actual. Si compró acciones a bajo precio y el valor de esa empresa creció varios dígitos en el mercado, podría ganar efectivamente más del 200% de su inversión inicial mediante el comercio en las condiciones adecuadas.

Pero si opta por mantener la propiedad de las acciones, puede seguir obteniendo beneficios. Una empresa tiene la opción de distribuir una parte de sus beneficios a los accionistas. Por ello, es importante que lea la letra pequeña de las acciones, específicamente sobre los beneficios que podría obtener por ser accionista de la empresa, antes de aceptar invertir en esa entidad.

El punto aquí es que las acciones son generalmente opciones viables para los principiantes. Muchos inversores que han tenido éxito se han centrado únicamente en las acciones y han ganado mucho dinero antes de retirarse, como Warren Buffet. Por supuesto, el potencial de éxito en esa acción va a depender de esa empresa.

Por eso es importante que pueda seguir y predecir hacia dónde se dirige una empresa en cuanto a su rendimiento. Por ejemplo, si cree que la empresa está fracasando, puede negociar sus acciones antes de que bajen los precios. De este modo, podrá abandonar la empresa con una parte considerable de sus inversiones intactas.

Los tipos de acciones

Cuando hablamos de acciones, solemos pensar que se presentan casi siempre de la misma forma. Sin embargo, la verdad es que las acciones suelen tener dos formas. Éstas son:

A. **Común**

Cuando la gente habla de acciones en general, lo más probable es que se refiera a este tipo. Como su nombre indica, las acciones comunes son, bueno, comunes. Se negocian públicamente en los mercados de valores y representan su derecho de propiedad sobre una parte de la empresa y sus dividendos. En resumen, la mayoría de las acciones que encontrará en el mercado de valores entran en esta categoría.

Una característica interesante de las acciones es que producen un alto rendimiento a medida que pasan los años mediante un capital creciente. En resumen, si una empresa obtiene buenos resultados, los precios de sus acciones aumentan. Esto no importa si esas acciones aún no se han vendido o si están actualmente en manos de un inversor. Todas las acciones tendrán un aumento de precio siempre que la empresa tenga un buen rendimiento.

Por supuesto, eso funciona al revés. Si una empresa funciona mal o está al borde de la quiebra, las acciones pierden su valor. No importa el precio que haya pagado inicialmente por ellas, esas acciones no le harán ganar dinero.

B, Preferido

Las acciones preferentes siguen ofreciendo las mismas ventajas que las acciones ordinarias, en el sentido de que se puede poseer una parte de la empresa y tener derecho a sus dividendos. Sin embargo, son más limitadas en el sentido de que no le dan los mismos derechos de voto que las acciones ordinarias. En resumen, si quiere opinar sobre la gestión de la empresa, las acciones preferentes no le darán ese derecho.

Lo que sí ofrece en cambio es un dividendo fijo. A diferencia de las acciones ordinarias, en las que el valor del dividendo puede variar en función de los resultados de la empresa, los dividendos de un accionista preferente serán los mismos desde el principio hasta el final. Por lo general, ese dividendo son varios márgenes superiores al que podría ofrecer una acción ordinaria.

Otra ventaja es que, en caso de liquidación de la empresa, siempre se le pagará a usted primero que a los accionistas comunes. Sin embargo, hay que tener en cuenta que los acreedores tienen que ser pagados primero que usted.

Por último, las acciones preferentes son rescatables. Si, por alguna razón, la empresa quiere volver a ser propietaria de sus acciones, puede comprarlas a cambio de una prima.

A simple vista, se puede ver que las acciones preferentes funcionan más como un bono que como una acción real. Es algo intermedio. Pero para simplificar las cosas, las acciones preferentes son diferentes en el sentido de que le permiten un mayor reparto de dividendos y la posibilidad de cobrar primero antes del cierre de la empresa.

Derechos de voto y clases de acciones

¿Puede una empresa crear su propia clase de acciones? En cierto sentido, sí. Aunque las acciones son comunes o preferentes, las empresas han encontrado formas de personalizar sus acciones para crear clases únicas. ¿Por qué harían esto las empresas? ¿No intercambiarían la propiedad de una parte de la empresa con completos desconocidos de cualquier manera?

La verdad es que la propiedad no cuenta mucho cuando se trata de empresas. Lo que importa más son los derechos de voto. Como le han demostrado las acciones preferentes, la propiedad realmente no importa tanto como tener el derecho a determinar cómo debe manejarse una empresa.

Por ello, las empresas están encontrando la manera de obtener el capital de los inversores y al mismo tiempo retener el poder de voto a un grupo selecto y a menudo no revelado. Por ello, las diferentes clases suelen corresponder a los distintos grados de poder de voto que se ofrecen,

He aquí un ejemplo: la empresa XYZ podría tener varias acciones para un grupo selecto y cada acción daría al titular diez votos. Las otras acciones podrían ofrecer sólo el voto estándar. Así, si hay 100 accionistas divididos por igual entre los dos grupos, eso significa que un grupo tiene 500 votos mientras que la otra mitad sólo tiene 50. Recuerde que las mayorías en las empresas se determinan por el número total de votos que se poseen, no por el número de accionistas.

¿Qué son las opciones sobre acciones?

Las opciones son básicamente otra forma de acciones con un modelo de precios más fluido. Cuando se compra una opción, técnicamente se está cerca de apostar, ya que el precio de esa acción podría subir o bajar en función de la evolución de la empresa durante ese periodo.

Suena arriesgado, ¿verdad? No exactamente. Cuando compra una opción en lugar de una acción individual estándar, se otorga un mayor poder de compra sobre esas acciones durante un periodo de tiempo limitado. En otras palabras, tiene la opción de comprar o vender esas acciones en un periodo de tiempo determinado. Lo mejor es que no tiene que poseer la opción para poder venderla o negociarla.

Por supuesto, ese precio fluctuante podría ser bastante arriesgado. Existe la posibilidad de que los precios bajen mucho durante varios periodos. Esto significa que podría incurrir en pérdidas durante un período de tiempo dependiendo del rendimiento de la empresa.

Por ello, las opciones sobre acciones son estupendas si lo que se busca es una estrategia de alto riesgo y alta recompensa en las inversiones. Sin embargo, eso también las hace arriesgadas para los no iniciados. Domine primero los fundamentos de las demás acciones e inversiones antes de considerar la posibilidad de añadir opciones a su cartera de inversiones.

Los otros tipos de inversión

Saquemos esto de la manga: en el mercado de valores, no es necesario tener físicamente las acciones y los activos que va a comprar y negociar. De hecho, lo que va a negociar una y otra vez aquí serán los documentos que significan su propiedad de dichos artículos.

Esto haría una plataforma bastante segura para hacer negocios, ya que no hay riesgo de que el artículo físico real se degrade o se dañe en cada transacción. De hecho, dependiendo de la naturaleza de las existencias, estos artículos ni siquiera se moverían de donde están depositados actualmente. Su propiedad sólo cambia de manos de una persona a otra.

Además, el riesgo se ve directamente afectado por la naturaleza de la propia acción. Por supuesto, el riesgo es directamente proporcional a la recompensa. Hay acciones que siempre son buenas opciones para invertir, independientemente de la economía, y luego están las que producen las mejores recompensas posibles, pero tienden a ser más arriesgadas dependiendo de la situación. Un buen inversor sabrá en qué acciones invertir para equilibrar las recompensas con los riesgos.

Una vez aclarado esto, ha llegado el momento de conocer qué tipo de acciones le conviene invertir en el mercado.

A. Dinero en efectivo y productos básicos

En la parte más baja de la escala de riesgo se encuentran el efectivo y las materias primas. Se consideran la savia de cualquier mercado de valores, ya que la frecuencia de la actividad comercial en relación con estos valores suele afectar directamente a los resultados de la economía. E incluso si la economía da un giro a peor, estos valores suelen seguir siendo opciones de inversión viables y podrían resultar una red de seguridad eficaz para su cartera de inversiones.

El único problema de este tipo de productos es su recompensa comparativamente baja. Dado que ofrecen el menor riesgo, su margen de crecimiento de beneficios para el inversor es relativamente bajo.

Oro

Este metal es quizá una de las opciones bursátiles más antiguas hasta la fecha. De hecho, la gente ha intercambiado oro por diversas materias primas desde mucho antes de que los egipcios construyeran sus pirámides. Lo que hace que el oro sea una inversión segura por primera vez es su atractivo. Sin embargo, hay que tener en cuenta que gran parte de este atractivo está anclado en la escasez y el miedo. Por ello, el precio del oro tiende a fluctuar en función de factores que escapan a su control.

Si decide invertir en oro, debe tener en cuenta que su única protección contra una caída del precio de esta materia prima se basa en factores externos. De hecho, el precio del oro tiende a fluctuar mucho. Su único consuelo para esta materia prima es que nunca el precio del oro ha caído por debajo de los valores negativos.

La comprensión de la escasez también es necesaria para sacar el máximo provecho del oro. En esencia, los precios del oro suben cuando la escasez y el miedo son bastante elevados. Por lo tanto, si usted es una persona que quiere asegurar sus finanzas en caso de que algo vaya terriblemente mal en el mundo, el oro podría ser una buena opción de inversión para usted.

Depósitos de efectivo y otros productos bancarios

Como su nombre indica, estas inversiones las ofrecen los bancos. Los productos bancarios suelen ser cuentas de ahorro y cuentas del mercado monetario. Un depósito en efectivo, en cambio, no es más que un préstamo que usted concede al banco con la consideración de que esa cantidad le será devuelta con intereses.

Al igual que el oro, los productos bancarios siguen siendo inversiones de bajo riesgo. De hecho, con este tipo de inversiones no se puede esperar más del 2% de rentabilidad anual. Si conoce el funcionamiento de la inflación, sabrá que un 2% no será suficiente para obtener beneficios de estas inversiones.

En esencia, son opciones seguras, pero no son buenas cuando se pretende hacer crecer el dinero de forma considerable durante un periodo de tiempo.

Criptomonedas

Las criptomonedas, una forma de inversión más reciente, son opciones de inversión digital no reguladas y suelen emitirse al margen del mercado de valores. Es posible que haya oído hablar de una de estas monedas, el Bitcoin, que ha ido ganando mucha tracción en los últimos años.

Sin embargo, como son relativamente nuevas y contienen demasiadas incógnitas, es mejor que se mantenga alejado de estas opciones de inversión. De hecho, muchos gobiernos están considerando regular estas monedas debido al aumento de muchas estafas que las involucran. Por lo tanto, todavía pasará bastante tiempo antes de que el Bitcoin y sus similares obtengan una amplia aceptación en el mercado.

Por lo tanto, mientras las bolsas de valores no reconozcan estas opciones de inversión, manténgase al margen de las criptomonedas por ahora.

B. Bonos y valores

Otra forma de inversión de bajo riesgo, estas opciones suelen ser ofrecidas por instituciones como el gobierno y la típica empresa privada.

Bonos del Estado y de empresas

Los bonos son básicamente como depósitos en efectivo, excepto que no son emitidos por los bancos. Cuando usted adquiere un bono del gobierno o de una empresa privada, básicamente está prestando a esa entidad su dinero con la expectativa de que le devuelva el mismo tiempo después con intereses.

Los bonos son generalmente seguros por el mero hecho de que la única vez que no va a recuperar su dinero es si el emisor del bono, por alguna razón, incumple. En el caso de los bonos de ahorro del Estado, no es probable que eso ocurra.

Sin embargo, los bonos corporativos son más arriesgados, ya que las posibilidades de impago son mayores en una empresa privada. Además, a diferencia de las típicas acciones o participaciones, un bono no le confiere la propiedad de una parte de los activos e ingresos de la empresa.

Lo que tiene que entender es que tanto los bonos corporativos como los gubernamentales pueden darle hasta un 3% de rendimiento de su dinero durante varios años. Esto significaría que, si sacara su dinero del bono, podría arriesgarse a disminuir su poder adquisitivo. Al fin y al cabo, la tasa de crecimiento del 3% no sigue el ritmo de la inflación.

Valores hipotecarios

Una garantía es, de nuevo, como un préstamo. Sin embargo, esta vez, ese préstamo va a venir con unas hipotecas inmobiliarias.

Lo que diferencia a los valores de los bonos es también la forma en que se pueden obtener beneficios. A diferencia de los bonos, en los que el pago sólo se produce tras el vencimiento del plazo, los títulos hipotecarios pueden pagar al inversor sus intereses mensualmente.

Sin embargo, lo que hace que estos valores sean intimidantes es su complejidad. Hay demasiados factores que hay que tener en cuenta a la hora de determinar su pago regular. Además, los riesgos suelen ser mayores en función de las condiciones de la hipoteca.

Por ello, esta opción de inversión sólo debería ser considerada por los inversores si ya tienen una experiencia considerable en el mercado. Los principiantes como usted deberían probar primero las opciones de inversión de bajo riesgo y más fáciles de entender.

C. Fondos de inversión

Un fondo de inversión es, básicamente, un conglomerado de dinero procedente de diferentes inversores, que se utilizará para diferentes productos que incluyen, entre otros, acciones, bonos y otros activos negociables. Lo que hace que los fondos sean excelentes es que son el mejor indicador del rendimiento de un mercado, ya que siguen el índice de mercado.

Fondos de inversión

Esta opción de inversión es básicamente una inversión por delegación. Será operada por un agente autorizado por usted que invertirá su dinero en su nombre y encontrará la forma de obtener dicho beneficio.

Lo que hace que los fondos de inversión sean seguros es que su propio concepto permite una diversificación instantánea. La forma de obtener sus beneficios, pues, es a través de los intereses que generan o al vender sus fondos si los precios de éstos suben en el mercado.

El único inconveniente de esta opción es que gastará más en mantenerlas en funcionamiento. De hecho, una parte de su dinero se destinaría a pagar los servicios de su gestor, así como a los agentes que puedan emplear para que las inversiones funcionen.

Por ello, considere esta opción de inversión como una opción de nivel medio. Empiece primero con las otras inversiones de bajo riesgo para que pueda aprender a invertir su propio dinero por sí mismo. Una vez que esté seguro de sus habilidades, puede utilizar los fondos de inversión para diversificar rápidamente su cartera.

Fondos indexados

Al igual que los fondos de inversión, este fondo le ayudará a diversificar sus inversiones rápidamente. La única diferencia con ellos es que los fondos indexados se gestionan de forma pasiva. Esto significa que tendrá que hacer frente a menos comisiones, lo que le llevará a quedarse con una mayor parte de los beneficios que obtenga de su inversión.

Sin embargo, la cantidad que obtendrá en rendimientos es directamente proporcional al índice de mercado. Si el índice es bajo, sus rendimientos serán bajos. Y viceversa.

Si usted es el inversor que quiere poner dinero en algo y luego no pensar demasiado en ello, entonces esta opción de inversión podría ser ideal para usted.

Fondos cotizados en bolsa

Un ETF funciona de forma similar a otros fondos. Lo que lo hace diferente es que es uno de los únicos fondos que se pueden comprar directamente en la bolsa. Esto le da aún más control sobre cuánto va a pagar por ellos y tendrá que pagar menos comisiones para mantenerlos.

Pero, por supuesto, la rentabilidad del fondo está directamente ligada a la evolución del índice de mercado. Esto puede evitarse en cierta medida si el fondo sigue un índice más amplio como el que ofrece el S&P 500.

Por lo tanto, para los inversores principiantes, este es un fondo relativamente seguro para invertir.

D. Jubilación y otras opciones de ahorro

Estas opciones de inversión se presentan en forma de cuentas emitidas por bancos y otras instituciones financieras. Dado que su finalidad y duración varían de un producto a otro, el riesgo y la recompensa de las opciones de jubilación pueden variar. Los inversores principiantes como usted pueden considerar estas opciones desde el principio, pero hay que tener mucho cuidado e investigar antes de empezar a invertir en ellas.

Además, no hace falta mencionar que los plazos de vencimiento de estas opciones de inversión son notoriamente largos. Inclúyalos en su plan de inversión solo si le gusta la planificación a largo plazo y tiene mucha paciencia.

Por último, no se trata de opciones puramente de inversión en sí mismas. Más bien, sus planes de jubilación pueden ser una herramienta para aventurarse en otras opciones de inversión. El único requisito es que tenga acceso a los fondos guardados en estos planes, lo que significa que deben haber vencido ya si quiere hacer pleno uso de ellos.

401K

Un 401K es básicamente un plan de jubilación ofrecido por una empresa por mandato del Gobierno de los Estados Unidos. Lo que puede atraerle a una opción de inversión de este tipo es que, aquí, el empleador puede ofrecer algo que podría igualar lo que usted ya ha invertido o, al menos, una parte de ello.

Esta característica es lo que hace que un 401K sea bastante beneficioso si se quiere ir a lo seguro como inversor. Sin embargo, los 401K funcionan como el típico fondo de inversión sin diversificación. Esto significa que los fondos están en manos de un gestor al que hay que pagar constantemente por sus servicios.

Por supuesto, un 401K sólo está disponible si usted mismo está empleado actualmente. La empresa en la que trabaja actualmente es la única entidad que puede ofrecérselo. Por lo tanto, sus opciones de 401K son bastante limitadas en una vida.

IRA (CJI – Cuenta de jubilación individual)

Conocidas propiamente como cuentas individuales de jubilación, las cuentas individuales de jubilación tienen impuestos diferidos o están libres de impuestos. Esto significa que una parte del dinero que invirtió no se sacará sólo para llenar las arcas del gobierno.

Además, una cuenta IRA le permite controlar mejor lo que puede invertir con ella en comparación con un 401K. Si quiere, puede utilizar el dinero para invertir en otros productos como acciones, inversiones y fondos de inversión si quiere.

En resumen, la IRA es una buena opción si quiere reducir los riesgos, ejercer más control sobre sus fondos y diversificar rápidamente su folio. La clave del éxito en este caso será, sin duda, llegar al máximo de su plan tan pronto como sea humanamente posible.

Anualidades

Una renta vitalicia funciona más bien como un contrato entre usted y una institución financiera, normalmente una compañía de seguros. En este caso, usted paga algo a granel a la compañía de seguros con la consideración de que la compañía le pagará regularmente. Es como un salario si ya está jubilado, en el sentido de que lo recibe regularmente.

Lo bueno de las rentas vitalicias es que no conllevan ningún riesgo. ¿El único problema? Tampoco hay recompensa con ellas. Es una buena forma de obtener una fuente de ingresos constante si está jubilado, pero no hay espacio para el crecimiento.

Por ello, no son la opción más idónea para cualquier inversor. Tampoco hay que considerarlos como un punto de partida para otras opciones de inversión.

E. Inmobiliaria

Tanto si se trata de comprar edificios, renovarlos o venderlos, el sector inmobiliario es una de las opciones de inversión más gratificantes que existen. Pero esa gran recompensa suele ir acompañada de una larga lista de riesgos y gastos. Hay algunos métodos que puede utilizar para mitigar los riesgos, pero eso no elimina el hecho de que los bienes inmuebles son una vía de inversión de alto riesgo.

Los principiantes no deberían adoptar esta opción de inmediato hasta que dominen los fundamentos de las otras formas de inversión. Además, es necesario contar con un capital considerable para sus actividades en este caso.

Propiedad

Ya sea para fines comerciales o residenciales, es difícil encontrar un edificio en este momento que tenga un precio inferior a 50.000 dólares por toda la estructura, excluyendo las reparaciones. Esto podría dar la idea de que aquellos con poco o ningún capital no pueden participar en esta ruta de inversión, pero la financiación colectiva ha sido una opción de financiación bastante viable para los inversores aquí. El único inconveniente es que tendrá que compartir los beneficios con otras personas, en función de las condiciones que haya acordado con ellas.

Lo que hace que esta opción de inversión también sea difícil es encontrar el margen de seguridad adecuado. El margen de seguridad significa simplemente la diferencia entre los gastos iniciales incurridos en la compra y el cambio de la propiedad y el precio que se pide por la misma basado en el valor de mercado actual del edificio.

No se puede tener un margen demasiado amplio o la gente podría no comprar la propiedad. Tampoco puede tener el margen demasiado estrecho o acabarías teniendo pérdidas. Encontrar ese punto óptimo entre los gastos y el precio le ayudará a ganar considerablemente con su edificio.

Por supuesto, comprar a bajo precio y vender a alto precio no es el único medio para ganar dinero con su edificio. También puede alquilar el inmueble para que lo utilicen los inquilinos, lo que garantiza un flujo constante de ingresos de sus inversiones a largo plazo.

Fideicomisos de inversión

Esta opción de inversión funciona de forma similar a la de un fondo de inversión. Esto se debe a que toma los fondos de varios inversores y los coloca en varios proyectos generadores de ingresos. Además, los fondos de inversión pueden venderse y negociarse en el mercado de valores, lo que los convierte en la opción de inversión inmobiliaria más barata a la que se puede recurrir.

Dado que no tiene que comprar, renovar y vender propiedades, un fondo de inversión es una de las mejores opciones basadas en la propiedad que puede aprovechar un principiante. Puede que no gane mucho en comparación con la venta de propiedades reales, pero los ingresos que obtendrá serán lo suficientemente fiables durante un periodo de tiempo considerable.

En qué NO invertir

Ahora bien, las inversiones anteriores sólo cubren una fracción de lo que realmente está disponible para usted en el mercado de valores y más allá. Aunque las criptomonedas y las rentas vitalicias no son recomendables, pueden ser viables si sabe lo que está haciendo o, al menos, tiene una red de seguridad considerable a la que recurrir si las cosas empeoran.

Sin embargo, existen aquellas opciones de inversión en las que debería evitar invertir ahora. Estas inversiones son malas debido a las condiciones actuales del mercado o simplemente son malas inversiones por su naturaleza. Por lo tanto, aquí están algunas de las opciones que nunca debe siquiera considerar como un primer inversor.

1. Hipotecas de alto riesgo

Si las opciones de inversión son los edificios, las hipotecas de alto riesgo son ese club de mala muerte en el extremo más alejado de un barrio rojo. En esencia, estas hipotecas están destinadas a los acreedores menos fiables y con más probabilidades de incumplir el préstamo. Invertir en una es asegurarse de que no va a ver ni un solo céntimo del dinero que acaba de prestar a otra persona.

2. Acciones de un centavo

Normalmente, las empresas ofrecen sus acciones por no menos de 5 dólares, lo que es bastante barato. Pero hay empresas que ofrecen acciones más baratas y la gente de Wall Street las llama "penny stocks". En la mayoría de los casos, pueden llegar a costar 1 dólar o 50 céntimos, lo que puede resultar atractivo para los nuevos inversores. Además, debido a sus bajas cifras, el más pequeño de los cambios en su precio puede traducirse en cambios masivos en sus ganancias.

Pero lo que las hace mortales es su capacidad de engaño. Una acción de penique suele ser una señal reveladora de que esa empresa va a quebrar. Es una forma de que las empresas engañosas se deshagan de sus acciones y dejen al mercado de valores con una parte considerable de dinero.

Básicamente, son las fachadas de muchos esquemas de bombeo y descarga que dejarán a los inversores con una acción dudosa a largo plazo.

3. Bonos basura

Hoy en día se conocen alternativamente como bonos de alto rendimiento porque, técnicamente hablando, un alto rendimiento de recompensa a menudo connota un alto riesgo. Los bonos basura pueden ser atractivos para los inversores, especialmente en un mercado con tipos de interés bajos.

Pero al igual que las acciones de bajo coste, un bono basura suele ser una señal de que la empresa va a quebrar o va a entrar en mora. Si usted posee un bono basura de una empresa, la mayoría de las veces va a perder esa inversión, de ahí el término.

Puede mitigar los riesgos eligiendo un bono a través de un fondo de inversión, pero esto no elimina el problema por completo. Si no tiene toda la información sobre esa empresa o no sabe cómo especular sobre su rendimiento, no tome ningún bono de ella para estar seguro.

4. Colocaciones privadas

Una colocación privada es simplemente una acción que no se negocia públicamente en la bolsa de valores. Desde el principio, son una desventaja, ya que primero hay que convertirse en un inversor acreditado antes de poder empezar a invertir en ellas. ¿Y cómo se acredita? O bien tiene unos ingresos de 100.000 dólares al año o tiene un patrimonio neto de más de un millón de dólares.

Pero lo que hace que las colocaciones privadas sean arriesgadas por sí mismas es que a menudo son utilizadas por promotores engañosos, que le aseguran un montón de ventajas sin informarle de los riesgos potenciales. En esencia, estará invirtiendo en algo de lo que no tiene información completa, lo que se aproxima a los juegos de azar.

5. El retorno de dos dígitos

Hay acciones que son demasiado buenas para ser verdad. Si alguna vez ha oído hablar de una inversión que promete un rendimiento superior al 10% anual, debe tener cuidado. Esto será lo primero que le promocionen, seguido de las típicas tonterías como "¡está respaldada por el gobierno!" o "¡está asegurada!" y el tan común "¡es la próxima (inserte compañía famosa aquí)!".

Hay que recordar que ninguna opción de inversión promete ningún rendimiento. Sí, algunas están aseguradas y otras están respaldadas por el gobierno, pero ninguna acción promete rendimientos de dos dígitos. De hecho, las mejores empresas del mercado rara vez ofrecen un rendimiento del 10%. Algunas son bastante generosas con el 5% y otras ofrecen el 2-3% habitual. Nada más.

Tenga en cuenta esta regla: si la oferta es demasiado buena para ser verdad, lo es.

Para concluir

Entonces, ¿qué opción de inversión debe elegir primero? Eso depende realmente de usted. Pero si es usted el que quiere mantener su impulso en este mercado, lo mejor es que construya una base sólida.

Para ello, lo mejor es que empiece con acciones y que más adelante diversifique su cartera con otras opciones de inversión. Es una buena manera de conocer el mercado sin gastar demasiado. Al mismo tiempo, le resultará fácil retirarse en caso de que algo vaya mal.

En resumen, comience con las acciones primero y luego incursione en otras inversiones.

Capítulo III: El inversor

Como se ha dicho anteriormente, el mercado de valores tiene muchas oportunidades para que una persona gane con su estancia en él. Pero puede que se pregunte cómo puede hacerte un nombre como inversor en bolsa.

Para responder a esta pregunta, tiene que determinar qué tipo de papel quiere desempeñar en el mercado. Entender este papel es crucial para determinar su camino hacia el éxito en el mercado de valores. En este capítulo, hablaremos sobre el objetivo principal que desea alcanzar en el mercado y las herramientas que necesitará para hacerse un nombre en él.

¿Qué tipo de inversor es usted?

Comprar acciones en el mercado es una habilidad muy básica. Sin embargo, cada persona que compra y negocia con acciones lo hace por diferentes razones. El papel que usted desempeñe como inversor dependerá en gran medida del nivel de riesgo que quiera asumir regularmente, de la cantidad de investigación que pueda y quiera realizar para cada inversión, de lo mucho que sepa o pueda especular sobre el rumbo de la economía en general y de la duración de su estancia prevista en el mercado.

Suena un poco confuso, ¿verdad? Para simplificar las cosas, los inversores siempre se presentan de tres formas que son las siguientes:

Inversores activos

Un inversor activo es quizás una de las personas más ocupadas y a la vez más cautelosas del mercado de valores en este momento. Hacen todo lo que está en su mano para estar al tanto de las tendencias del mercado, se mantienen al día de las últimas noticias y dedican horas a investigar todas las opciones bursátiles viables antes de empezar a invertir.

Comprar y vender no es precisamente su objetivo principal. Prestan atención a las tendencias del mercado y toman sus decisiones basándose en ellas. Puede que no mantengan las inversiones a largo plazo, pero se preocupan de que cada inversión que realizan cuente.

Inversores pasivos

Mientras que otros inversores aspiran a obtener las mayores recompensas posibles de cada inversión que realizan, el inversor pasivo aspira a obtener unas ganancias más razonables y a permanecer en el mercado, en general, sin estrés. A estos inversores no les importa tener que pagar más por cada inversión mientras disfruten de su estancia en el mercado.

Por ello, los inversores pasivos suelen optar por los fondos de inversión, ya que esto les permite diversificar rápidamente sus carteras mientras otros hacen el trabajo sucio por ellos. No apuestan su dinero en empresas emergentes, sino que se quedan con lo que ya se ha establecido como exitoso.

Su objetivo general es atravesar el mercado con la mayor facilidad posible. Si el valor de sus acciones sube al menos un 20% de lo que compraron inicialmente, podrían empezar a venderlas. No importa si existe un precio mejor. Lo que importa para el inversor pasivo es facilitarle las cosas lo más posible.

El especulador

Hay que ganar dinero en la bolsa y luego hay que ganar dinero *rápido*. Al igual que el inversor activo, los especuladores también investigan, pero se centran en las acciones que están a punto de subir mucho de precio debido a algún cambio inminente. Tal vez esté a punto de producirse una fusión entre dos empresas que pueda impulsar los precios de sus acciones.

Una vez que sepan qué acciones están a punto de subir, comprarán esas acciones antes de que se produzca el cambio. Y cuando los precios suben, venden las acciones según el nuevo precio. Luego repiten este proceso una y otra vez...

Los especuladores tienen la mayor frecuencia en las actividades de negociación entre todos los demás tipos de inversores. Esto también significa que no mantienen ciertas inversiones durante mucho tiempo, vendiendo lo que tienen a la primera oportunidad de un cambio de precios.

El cazador de gangas

A diferencia de otros inversores que se centran en comprar barato y vender caro, el cazador de gangas encuentra valores realmente baratos y los mantiene. Su objetivo no es obtener un beneficio enorme e instantáneo, sino un crecimiento a largo plazo, sobre todo si una empresa que se tambalea promete recuperarse.

Sus tácticas pueden ir en contra de lo que hemos tratado hace un capítulo, pero muchas empresas que lograron recuperar la tracción en el mercado de valores deben su supervivencia a los inversores cazadores de gangas. KMart, por ejemplo, sufrió tiempos tan malos que fueron efectivamente sacados de Wall Street. Sin embargo, lograron salir de su apuro con las inversiones de los cazadores de gangas.

Ser un cazador de gangas es jugar el juego como si fuera una apuesta. No hay ninguna garantía de que una empresa en quiebra vaya a resurgir. Pero si lo hace, las recompensas que podría recibir un cazador de gangas son comparativamente grandes.

El inversor que se retira

Estos inversores están en el mercado a largo plazo y cambian de táctica cuando envejecen. Por ejemplo, un inversor de este tipo sería bastante agresivo a una edad temprana, comprando acciones de alto riesgo. A medida que envejece, se suaviza y empieza a moderar sus riesgos.

Una vez alcanzada la edad de jubilación, este inversor se centraría ahora en acciones de dividendos que le hagan ganar dinero en lugar de un salario mensual. Este inversor debe su supervivencia a la capacidad de gestionar sus riesgos de forma inteligente. Se centra en aumentar rápidamente el valor de sus inversiones a una edad temprana y luego pasa a hacer que dichas inversiones sean sostenibles a medida que envejece.

El jugador

Este inversor tiene más cualidades que compartir con un apostador que cualquier otro rol de inversor que exista. Entienden que el caos y la incertidumbre siempre están presentes en cualquier mercado y, por lo tanto, tratan de aprovecharlos.

Independientemente de cómo consiga su financiación, el jugador tiene como objetivo aumentar su dinero en el menor tiempo posible. Cada vez que una nueva empresa entra en el mercado o se introducen cambios masivos, el jugador estará en primera línea intentando aprovechar el frenesí que se genera. Una vez que esté seguro del valor, cobrará antes de que el mercado se estabilice.

Es una estrategia de alto riesgo, pero los jugadores suelen recibir las mayores recompensas en relación con los riesgos que asumen. Si se sincronizan bien las inversiones, es posible que se aprovechen las oportunidades repentinas sin perder mucho dinero.

¿Qué tipo de comerciante es usted?

El trading es un proceso totalmente distinto al de la inversión. De hecho, sus requisitos y su dinámica pueden ser muy diferentes a los de la inversión.

Por lo tanto, es mejor que sepa qué tipos de operadores tienden a prosperar en el mercado en este momento.

El escalador

Aunque esta palabra tiene ahora serias connotaciones negativas, los scalpers en el mercado de valores son simplemente aquellos operadores que se dedican a cumplir objetivos a corto plazo. Su tiempo de respuesta es más corto que el de los operadores diarios y tienden a ceñirse a nichos muy específicos del mercado.

Los scalpers no necesitan necesariamente mucho capital debido a la rapidez con la que pueden pasar de una acción a otra. Sin embargo, necesitarán tener un flujo constante de dinero en efectivo al lado para aprovechar los cambios repentinos en el mercado.

Dado que el tamaño de su capital es pequeño, su objetivo de beneficios también es comparativamente pequeño. De hecho, se centran más en las pequeñas ganancias que, con el tiempo, se acumulan hasta alcanzar una cantidad sustancial. Para que los revendedores sean más fáciles de entender, piense en ellos como los propietarios de una tienda de gangas. Venden cosas baratas, casi siempre con pérdidas por artículo individual, pero tienden a liquidar sus inventarios a un ritmo más rápido.

El comerciante del día

Un paso por encima de los scalpers, los day traders también se centran en operaciones a corto plazo, pero su tiempo de respuesta es comparativamente más largo. De hecho, a menudo buscan operaciones cortas de 20 minutos, por lo que pueden realizar varias operaciones al día (de ahí su nombre).

Al igual que los scalpers, los day traders no disponen de un capital considerable. Por ello, operan con frecuencia para poder suavizar el golpe de las pérdidas en el día a día. En teoría, la actividad frecuente y la base de capital reducida permitirán a un day trader sobrevivir en condiciones difíciles o salirse de ellas sin tener que desprenderse de lo que eran valiosas inversiones.

Debido a su frecuente actividad, un operador diario no deja una posición abierta durante demasiado tiempo. Por ello, su potencial de beneficios es bastante limitado. De nuevo, pueden ser como los scalpers en el sentido de que sus condiciones de victoria pueden expresarse en términos de valor basado en el volumen en lugar de valor por artículo.

El comerciante de swing

Un operador oscilante tiende a mantener sus operaciones durante períodos de tiempo más largos. Se requiere paciencia y un poco de fe con estos comerciantes, ya que no tienen el tiempo ni los recursos para supervisar constantemente sus operaciones.

Por el propio nombre, se puede determinar que un operador oscilante mantendrá sus operaciones hasta que los tiempos mejoren. Una "oscilación" en el mercado, por así decirlo. Por lo tanto, necesitan mucho capital para mantener sus inversiones en condiciones financieras difíciles.

Una de las ventajas de no negociar con frecuencia es que permite al operador obtener mayores márgenes de beneficio cuando abre sus inversiones para negociar. Una vez más, esto depende del momento. Cuando las cosas empiezan a subir, se puede esperar que un comerciante de swing sea el primero en abrir para el comercio y cosechar los máximos beneficios.

El comerciante de posiciones

Estos operadores son la definición misma de "largo plazo". Al igual que los swing traders, pueden mantener sus operaciones, pero durante un periodo de tiempo ridículamente largo. De hecho, no es raro que un trader de posición abra una acción para trader años después de comprarla. Por ello, tienden a no frecuentar mucho el mercado de valores.

Mantener una acción es todo un reto, ya que su valor puede subir o bajar dependiendo de las condiciones del mercado. Por ello, se necesita un gran capital para que un operador de posición sobreviva con su estrategia elegida.

Pero toda esa paciencia se paga con el tiempo. Si se dan las condiciones adecuadas, los beneficios potenciales de los operadores de posición son enormes. Esto podría atribuirse a la planificación a largo plazo o a la capacidad de predecir con exactitud la tendencia que seguirán las acciones en los próximos años, pero un operador de posición está en la mejor posición (juego de palabras) para ganar miles de dólares por cada acción que negocia.

Lo más importante:

Estas diferentes personalidades de inversores y operadores sólo indican que todo el mundo tiene un lugar en el mercado. Aunque habrá ganadores y perdedores en cada periodo, esto no quita el hecho de que todo el mundo tiene la oportunidad de triunfar en el mercado.

Lo esencial es que elija un estilo con el que se sienta más cómodo o, mejor aún, con el que se sienta seguro. En pocas palabras, hay que jugar con los puntos fuertes para triunfar en la bolsa. Siempre y cuando sepa cuáles son sus puntos fuertes.

Capítulo IV: El arsenal del inversor

¿Qué separa a un buen inversor del resto? Si lo primero que le viene a la cabeza es la "experiencia", básicamente tiene la mitad de razón. Pero, dado que nos basamos en la teoría de que no se necesita experiencia para alcanzar el éxito por primera vez en el mercado de valores, podemos eliminar ese factor de la ecuación.

¿Qué nos queda entonces? Las herramientas, las habilidades e incluso las cualidades que debe poseer como inversor en bolsa. Por lo tanto, aquí están algunas de las cosas que usted necesita con el fin de hacer que su período como un inversor de valores sea bastante exitoso.

A. Habilidades y cualidades esenciales

Empecemos por las cosas que son innatas para usted o, como mínimo, que tendrá que desarrollar por sí mismo. Tener el aspecto de un inversor es sólo el comienzo, así que ese traje de tres piezas y el capital serán su punto de partida. A partir de ahí, puede empezar a adquirir las características esenciales de un inversor bursátil que son las siguientes:

1. Análisis

Un inversor en bolsa va a realizar muchos análisis para seguir siendo competitivo en el mercado. Esto es bastante crucial, ya que el mercado de valores depende bastante de las tendencias y otros factores económicos externos.

Una explicación más práctica de la necesidad del análisis bursátil es que le permite determinar qué enfoques, estrategias y herramientas son necesarios para responder a una tendencia en el mercado. Más adelante en el libro, aprenderá las características fundamentales de los distintos entornos de mercado y la mejor manera de responder a ellos para sobrevivir. Mediante el análisis, aprenderá a ajustar sus estrategias mientras el mercado se acerca a esa condición determinada.

La cuestión es que un buen inversor sabe encontrar el equilibrio entre ganar la cantidad de dinero adecuada y tomar las medidas adecuadas en el momento oportuno. Lo primero es para obtener beneficios y lo segundo para sobrevivir. Su capacidad de análisis le ayudará a cumplir estos dos objetivos diferentes al mismo tiempo.

2. Investigar

Lo que diferencia la inversión del juego es que la primera exige que no se vaya a ciegas. Hay que contar con toda la información posible antes de apostar por algo.

Cuando encuentre posibles acciones en el mercado, debe resistirse a todo impulso de invertir en ellas lo antes posible. Tiene que tomarse el tiempo necesario para aprender todo lo que pueda sobre esa empresa, qué tendencias afectarían al rendimiento de ese sector, e incluso quién dirige esa empresa antes de empezar a comprar y negociar con acciones.

¿Y cómo de exhaustiva es la investigación en la inversión bursátil? Tendrá que estar al tanto de los cambios económicos, los movimientos políticos y los anuncios entre empresas para asegurarse de que está invirtiendo en las acciones adecuadas.

De hecho, hay que desarrollar una preferencia por la lectura de gráficos y tablas para hacer un seguimiento del rendimiento de las acciones. Esto también es muy importante en los periodos de crisis, ya que un inversor bien informado puede aprovecharse de ello y obtener beneficios donde otros pierden dinero. Como mínimo, la información adecuada le ayudará a tomar decisiones mejor informadas.

3. Calma

Mantener la calma es una cualidad crucial, aunque a menudo se pasa por alto, en los inversores en bolsa. Un error común de los principiantes es entrar en pánico cuando tienen pérdidas. De ahí que aparezcan todas esas imágenes de inversores en bolsa angustiados que se tiran de los pelos en la Bolsa durante la crisis económica de la década de 2000.

No se equivoque. En realidad, no hay forma de evitar totalmente el estrés en entornos de alto riesgo como la Bolsa. Sin embargo, dejarse abrumar por el estrés tiende a hacerle cometer algunos errores absurdos que empeoran las cosas para usted.

En el pasado se han dado demasiados casos en los que los inversores, presas del pánico, se deshacen de todas sus acciones a la primera de cambio, sin darse cuenta de que todo el problema podría haberse resuelto sin que ellos sufrieran pérdidas. Un inversor tranquilo, en cambio, ajusta cuidadosamente su estrategia para aprovechar el repentino cambio de planes.

4. Gestión de registros

Un inversor en acciones también debe llevar un registro de todas las transacciones que haya realizado. Esto servirá para dos propósitos. En primer lugar, para archivar, ya que un registro le ayudará a hacer un seguimiento de todas las inversiones que ha realizado y de su evolución actual.

La segunda razón es más personal. Al conservar los documentos, puede al menos seguir su progreso como inversor. ¿Le van bien sus estrategias? ¿En qué sectores tiene que aventurarse todavía? ¿Ha llegado el momento de dejarlo todo? Sus registros le dirán eso y mucho más.

5. **Disciplina**

He hablado muchas veces de la diferencia entre invertir y apostar porque muchos inversores tratan la primera como si fuera la segunda. De hecho, muchos acuden a la bolsa pensando que es un casino más elegante sin las máquinas tragaperras.

Su objetivo general como inversor en bolsa no debería girar principalmente en torno a ganar dinero. La razón de ello es que está obligado a ganar dinero (y a perderlo) siempre que compre, negocie e invierta en acciones.

Su objetivo debe girar en torno a la longevidad. Hay que permanecer en el mercado el mayor tiempo posible para entender realmente cómo funciona. Al entender cómo funcionan las cosas en el mercado, le será más fácil aprovechar los cambios en él.

Esto es bastante crucial, especialmente en aquellas condiciones en las que las pérdidas son constantes. Casi todos los inversores tendrán que hacer frente a una racha de pérdidas por razones que están fuera o dentro de su control. Con un poco de autodisciplina por su parte, puede sobrevivir en estas condiciones con la mayor parte de su capital intacto y en posición de empezar a beneficiarse en el siguiente repunte.

B. Herramientas y activos

Ahora que las cosas más personales están fuera del camino, es el momento de analizar las cosas con las que podría armarse personalmente para seguir siendo competitivo en el mercado. Las herramientas de un inversor bursátil pueden variar de una persona a otra.

Pero, para simplificar las cosas, aquí están algunas de las herramientas y activos que debe conocer antes de empezar a invertir.

1. Capital

No hace falta decirlo, pero nunca hay que aventurarse en el mercado de valores sin un plan financiero sólido. La razón de ello es que la obtención de beneficios en el mercado no es algo sencillo. No hay ninguna garantía de que vaya a obtener beneficios con regularidad, pero las posibilidades de que pierda dinero son siempre elevadas. En resumen, no ganará dinero en la bolsa si no está dispuesto a gastar lo mismo o más a cambio.

No importa cuánto haya ahorrado para invertir en acciones, si hemos de ser sinceros. La cuestión es que nunca debe convertirse en un inversor en acciones con la cartera vacía. Pero, para estar seguro, ahorre hasta 1.000 dólares como mínimo antes de empezar a invertir.

2. Una plataforma comercial

Una plataforma de negociación es simplemente el lugar en el que se realizan todas las actividades de inversión. Sin embargo, es un lugar bastante crucial para decidir antes de entrar en el mercado. Lo que tendrá que considerar aquí son las comisiones ofrecidas o incluso los requisitos necesarios para acceder a la plataforma.

Hay corredores que utilizan plataformas de negociación que dan altas comisiones por cada operación, pero exigen un saldo mínimo en la cuenta o un número de operaciones exitosas en el pasado para poder inscribirse. En resumen, pueden ser buenos, pero no son ideales para los principiantes absolutos como usted.

Por el contrario, hay plataformas de negociación que podrían funcionar para su configuración actual. TD Ameritrade, por ejemplo, no tiene requisitos de saldo mínimo en la cuenta, aunque la comisión que tiene que pagar por sus intermediarios es bastante alta, 10 dólares por operación. OptionHouse podría ser más barato, con una comisión de 5 dólares por operación, pero con opciones y herramientas de negociación más robustas.

Si adquiere más confianza en sus habilidades de inversión y negociación, puede invertir en plataformas más sólidas como la de Ameritrade mencionada anteriormente o la de Interactive Brokers.

3. Aplicaciones móviles

Un inversor y operador serio tendrá que llevar su trabajo allá donde vaya. Afortunadamente, existen aplicaciones que le ayudan a realizar todas sus actividades bursátiles en un solo dispositivo portátil.

Hay muchas aplicaciones de este tipo, lo que nos lleva a preguntarnos qué debemos buscar en ellas: ¿Qué hay que buscar en ellas?

Para empezar, lo que necesita es un conjunto variado de herramientas y opciones dentro de la aplicación. Elija una aplicación que le permita buscar y examinar rápidamente las posibles inversiones en acciones, así como supervisar su rendimiento en tiempo real. Si quiere ser más avanzado, elija una aplicación que le permita pasar sin problemas de su ordenador de sobremesa a su dispositivo de mano a través de un sistema de cuenta unificado.

Por último, elija una aplicación con una cuota de suscripción razonable. Algunas aplicaciones móviles cuestan 20 dólares, lo que puede resultar caro para algunos inversores. Si opta por una aplicación cara, asegúrese de que tiene acceso a muchas funciones que le facilitarán sus actividades de inversión independientemente de su ubicación.

4. Herramientas de selección de valores

Buscar las acciones que se ajusten a sus necesidades puede ser difícil si es un principiante. Aquí es donde entra en juego un filtro de valores, ya que le ayuda a buscar valores en el mercado basándose en una serie de criterios que usted mismo determinará.

Por ejemplo, podría buscar valores en función de su capitalización bursátil, la posible rentabilidad por dividendos y los precios de cada acción que se ofrecen. Afortunadamente, la mayoría de las plataformas y aplicaciones de negociación ofrecen filtros como una función básica.

Sin embargo, existen aplicaciones dedicadas a la selección, como Finviz, que ofrece criterios de selección más específicos. Por supuesto, hay que pagar una cuota de suscripción para acceder a sus funciones avanzadas, pero los servicios básicos son gratuitos para todos los inversores.

5. Gráficos, gráficos y más gráficos

Lo que hay que recordar es que el mercado de valores no es precisamente la cosa más fácil de describir con meras palabras. La cantidad de números y cálculos que se producen aquí significa que es mejor entender todo el asunto desde un punto de vista no verbal.

Aquí es donde entran en juego los gráficos, ya que ayudan a determinar las acciones que hay que emprender mediante la colocación y la conexión de diferentes puntos de datos en un formato relativamente fácil de entender. Un simple vistazo a un gráfico le dirá hacia dónde se dirige una empresa en términos de rendimiento, dónde se encuentra el valor de los precios de sus acciones en la actualidad, qué tendencia está siguiendo y qué podría suceder en ese sector dentro de las próximas horas, aproximadamente.

Sin embargo, aquí está la advertencia. Es un poco difícil entender estos gráficos si no se sabe qué buscar y qué significa cada término. Además, hay que tener en cuenta que estas cifras cambian cada minuto, lo que significa que los gráficos de acciones tienen una vida relativamente corta en lo que respecta a su relevancia.

Afortunadamente, existen diferentes servicios que le ayudarán a entender lo que dicen las cifras en los términos más sencillos posibles. Depende de usted suscribirse a ellos para saber cómo se comportan las acciones en tiempo real.

6. Corredores de bolsa

Considere esto como las ruedas de entrenamiento para todo inversor bursátil novato. Al ser nuevo en el mercado, siempre existe la posibilidad de que se confunda y cometa errores en sus actividades. Puede mitigar esto suscribiéndose a un servicio de corretaje que le ayudará a conseguir una mano de las acciones que desee.

Sin embargo, los corredores exigen una comisión, lo que significa que una parte de sus ganancias acabará utilizándose para pagar a otras personas. Puede reducir sus costes buscando un corredor de descuento que le ofrezca todas las comodidades básicas a una fracción del precio.

Por ahora, los mejores brokers son Robinhood, TD Ameritrade y Fidelity. E-Trade también es bueno si buscas un bróker que se centre únicamente en la compra y venta de acciones. La cuestión es que realmente hay servicios por ahí que son baratos pero eficaces. Cuanto menos dinero tenga que pagar por buenos servicios, más dinero podrá utilizar para recorrer el mercado.

7. Análisis de la cartera

Además de la diversidad de su cartera de inversiones, también debe determinar los riesgos y las oportunidades que presenta. El análisis de la cartera le ayudará a repasar todas sus inversiones y a comprender cuáles poseen los mejores rendimientos posibles dadas las condiciones actuales del mercado.

Sin embargo, el problema de un análisis de cartera es que son bastante caros. Eso si no sabe dónde buscar servicios gratuitos.

Portfolio Visualizer es un sitio web que le ofrecerá un análisis gratuito de su cartera utilizando modelos de datos que se remontan a varias décadas atrás. Sus servicios le ayudarán a realizar simulaciones, a encontrar puntos de interés basados en datos históricos y a probar todas las inversiones actuales mediante una serie de herramientas de cálculo.

El proceso puede resultar intimidante para algunos, pero los resultados que producen son bastante fáciles de entender. También puede utilizar los datos que le dan para optimizar aún más su cartera en su conjunto en lugar de mirarla por inversiones individuales.

8. **Ratios financieros**

Los datos bursátiles se basan principalmente en los números. Por eso, la primera orden del día para cualquier inversor es dar sentido a todos los datos financieros que se le facilitan. Un ratio financiero le ayudará a hacer precisamente eso, al tiempo que localiza y aísla los fragmentos de información que más necesita. Esencialmente, le ayudan a entender las cifras como un colectivo y como hilos individuales de datos.

Los ratios financieros son muy variados, pero a menudo se engloban en las mismas categorías, que son las siguientes.

Precio

Como su nombre indica, estos ratios evalúan los valores en función de su precio. La mayoría de las veces, se pueden utilizar para seguir el rendimiento de una empresa, ya que los precios suben y bajan en función de lo buena que sea una empresa en ese periodo.

Por ello, los cocientes de precios pueden utilizar una serie de modelos que incluyen:

- Precio de los beneficios
- Precio de venta

- Precio para reservar
- Rendimiento de los dividendos
- Pago de dividendos

Rentabilidad

Al igual que el Ratio de Precio, los Ratios de Rentabilidad hacen un seguimiento de los resultados de una empresa. Pero, en lugar de los cambios en los precios de sus acciones, este ratio determina el rendimiento por la forma en que una empresa gana en comparación con los gastos que realizó. Así, los ratios de rentabilidad utilizan las siguientes métricas:

- Margen de beneficios
- Rendimiento de los fondos propios
- Rendimiento de los activos

Liquidez

Esta métrica se utiliza para determinar el grado de cumplimiento de los objetivos y obligaciones a corto plazo de una empresa. Hay que recordar que las empresas tienden a endeudarse para poder funcionar correctamente. Por lo tanto, lo que separa a una buena empresa del resto es su capacidad para pagar dichas obligaciones lo antes posible.

Una empresa con poca liquidez tiende a endeudarse más o, lo que es peor, a tomar decisiones de captación de dinero que no auguran nada bueno para la empresa a largo plazo. En resumen, la liquidez le dirá lo bien que se gestiona una empresa en condiciones financieras difíciles.

En esta proporción, se utilizarán las métricas que se indican a continuación:
- Actual
- Rápido

Deuda

Este ratio se centra más en cómo una empresa gestiona sus obligaciones a largo plazo. Al observar su capital inicial y su estructura financiera actual, este ratio le ayudará a comprender la salud general de una empresa, lo que le indica indirectamente su validez como opción de inversión.

Con este ratio, se deben utilizar las siguientes métricas:

- Deuda a capital
- Cobertura de intereses

Eficiencia

Con este criterio, se evaluará la forma en que una empresa utiliza su capital y sus activos para funcionar correctamente. Se trata sobre todo de una cuestión de gestión, pero esta métrica le ayudará a determinar hasta qué punto una empresa utiliza las inversiones que realiza y cumple las promesas que ha hecho a los inversores. Cuando se utiliza la eficiencia, se tiene en cuenta lo siguiente:

- Rotación de activos
- Rotación de existencias

Recordatorio importante: Tenga en cuenta que estos ratios sólo le indican lo que PODRÍA ocurrir con una empresa basándose en los datos disponibles actualmente, y no sabe lo que ocurrirá. Por lo tanto, no dependa de ellos para obtener información, pero consúltelos cuando tome decisiones de inversión cruciales.

9. Presupuestos y gestión de carteras

Aunque no es exactamente una herramienta para sus actividades de inversión, el software de presupuestación le ayudará a controlar cuánto está gastando en sus actividades y cuánto le queda en su capital actual.

Un software de presupuestación debe ayudarle a gestionar sus pagos mientras comprueba los precios de las acciones.

Por ello, a continuación, le presentamos algunas de las aplicaciones para hacer presupuestos que debería tener en cuenta.

- **BlackGold -** Esta aplicación de financiación se centra más en los precios de materias primas como el petróleo. Compruebe sobre todo los precios de la gasolina, así como las acciones de las empresas energéticas a nivel estatal e internacional.
- **PageOnce** -Esta aplicación le ayuda a llevar un control de todas las facturas vencidas **de** su inversión y a seguir su evolución. Puede enviar notificaciones periódicas para informarle de un próximo pago para que no se pierda.
- **Venmo -** Esta aplicación le ayuda a realizar todos sus pagos en una sola plataforma. Se vincula con sus cuentas de inversión y números bancarios existentes y tiene una interfaz ideal para los que son nuevos en esto de las inversiones. Además, es gratuita.
- **Wikinvest Portfolio -** Esta aplicación, una especie de herramienta de análisis de carteras para móviles, le ayuda a hacer un seguimiento de la evolución de sus inversiones en el mercado. Importará la información de los corredores de bolsa y proporcionará noticias sobre los inversores a medida que se produzcan en tiempo real.

10. Una fuente de noticias

Como ya se ha dicho, el conocimiento es crucial para sobrevivir como inversor en bolsa. Sin embargo, cualquier conocimiento no es suficiente. Tiene que estar actualizado y basado en las cifras más precisas.

Estar suscrito a una fuente de noticias es imprescindible para cualquier inversor, ya que le permite saber qué está pasando en el mercado, qué valores están subiendo y por qué. Por supuesto, esto sólo es eficaz si se combina con el hábito de leer las noticias antes de empezar el día,

Sin embargo, como inversor en bolsa, es importante conocer las novedades del mercado. Afortunadamente, hay muchas fuentes de noticias a las que puede suscribirse y que suelen actualizarse cada hora.

C. Herramientas de análisis técnico

Debido a la solidez de sus características, es mejor separar estas herramientas como una categoría propia. La capacidad de evaluar con precisión los datos bursátiles es crucial para cualquier inversor en bolsa. Elimine un poco la incertidumbre que conlleva la inversión, a la vez que evita que se precipite con sus decisiones de inversión.

Afortunadamente, las herramientas de análisis técnico están ya disponibles para todos los inversores y operadores. Sí, algunas pueden cobrar una cuota por las características premium, pero la mayoría no requieren que pagues sólo para disfrutar de lo esencial.

Corredores de bolsa

En la actualidad, muchas empresas de corretaje ofrecen herramientas de análisis técnico para facilitar a los recién llegados a este campo. La mayoría de ellas obtienen sus datos de Recognia, una empresa canadiense que proporciona datos bursátiles a muchas plataformas de negociación y corredores.

Mediante el análisis de los cambios en el precio de las acciones, Recognia dará a los inversores y a los operadores la visión necesaria para ver si vale la pena invertir en ciertas opciones de acciones o no. Recognia en sí mismo no está disponible para aquellos que no operan corredores de bolsa. Sin embargo, puede estar seguro de que la mayoría de estos corredores que ofrecen análisis técnico tendrán Recognia incorporado en sus servicios.

● **Charles Schwab**

Este corredor opera una plataforma de negociación llamada StreetSmart Edge. Esta plataforma, a su vez, analiza los datos que se transmiten en tiempo real, lo que permite a los usuarios recorrer las acciones y los ETF con la función Screener Plus ya existente. La plataforma también proporciona una serie de gráficos que siguen la evolución de las acciones que se buscan en tiempo real. Se puede personalizar lo que presenta cada gráfico en función de varios parámetros.

- **E-Trade**

E-Trade utiliza un sistema llamado Live Action Scanner. Como su nombre indica, escanea el mercado en tiempo real para los precios de las acciones, así como analizar la información técnica que afectaría a cualquier cambio de estos. También es una función de selección bastante robusta, ya que utiliza al menos 100 opciones de selección predefinidas que los inversores pueden mezclar y combinar.

Además, el escáner puede hacer un análisis de la cartera por usted, rastreando cuáles de las inversiones que ha realizado estaban sobrecompradas, subcompradas, bajando o subiendo de precio. Y si uno de sus valores cumple los criterios que usted mismo ha establecido en el escáner, el programa le avisará. Sobre el papel, esto debería ayudarle a ajustar sus estrategias en respuesta a esos cambios.

- **Inversiones de Fidelity**

Este corredor utiliza el sistema Active Trader Pro, que puede seguir las acciones en tiempo real y avisarle de cualquier cambio en las acciones en las que ha invertido o tiene previsto hacerlo. Por ejemplo, si una acción de una empresa está abierta a la negociación, el sistema le avisará si ha marcado esa empresa previamente.

También hay una opción de gráficos avanzados que le permite retroceder varias décadas en la historia de las acciones de una empresa. Si quiere algo más reciente, el sistema también puede seguir los cambios que se han producido en el último mes o, mejor aún, en los últimos 60 minutos.

Y, por si fuera poco, Fidelity Ivnestments ofrece varios cursos online a través del sistema que ayudan a los operadores a manejar sus herramientas de análisis técnico, así como a mejorar sus estrategias bursátiles.

● **Corredores de bolsa interactivos**

Lo que Interactive Brokers tiene que otros todavía tienen que ofrecer es una opción de gráficos más amplia. Utilizando los datos que obtuvieron con Recognia y combinándolos con cientos de indicadores de rendimiento, lo que IB ofrece a los inversores es la posibilidad de ver realmente cómo se han comportado o se están comportando las acciones en función de una serie de criterios que ellos prefieren.

Además, puede utilizar su cuenta de IB y adjuntarla a una herramienta de análisis de terceros. En teoría, esto debería permitirle trazar las acciones de una manera que realmente se ajuste a su estrategia de inversión general.

● **Lightspeed**

Atendiendo a los comerciantes del día, Lightspeed utiliza un escáner llamado LightScan para buscar y filtrar a través de cientos de opciones de comercio. Cómo funciona es que va a través de múltiples mercados en busca de las acciones que se reunirán los criterios que ha establecido en el programa.

El programa también puede trazar hasta 20 años de datos históricos de acciones para darle una idea de cómo ciertas acciones han estado funcionando en múltiples condiciones de mercado. Todo el programa está todavía en fase beta, pero puede descargar la demo si quiere probarlo por sí mismo.

● **Thinkorswim**

La plataforma de negociación de TD Ameritrade, Thinkorswim, está pensada principalmente para la negociación de opciones, pero tiene algunas características que facilitan las cosas también a los operadores de renta variable. Aquí encontrará varias herramientas de dibujo, herramientas de visualización de datos y cientos de indicadores técnicos.

Lo que hace Thinkorswim es que permite a los operadores crear su propio esquema de análisis con el fin de analizar las acciones sobre la base de los criterios que creen que funciona para ellos mejor. Thinkorswim se utiliza mejor en el escritorio ya que la versión móvil tiene algunos problemas de optimización.

- **TradeStation**

De todas las herramientas de análisis técnico basadas en corredores que existen, TradeStation es quizás la que se diseñó para el análisis técnico desde el principio. Sus orígenes se remontan al software realizado por la empresa Omega Research, lo que debería indicarle que se diseñó específicamente para analizar las opciones sobre acciones.

TradeStation ofrece una función de análisis automatizado que supervisa las acciones comerciales en tiempo real. También cuenta con una IA que aparentemente ajusta su seguimiento en respuesta a los criterios que usted suele utilizar en actividades anteriores. Su función de elaboración de gráficos también puede basarse en varias décadas de datos históricos, al tiempo que simula el rendimiento futuro de las acciones.

Programas y sitios web independientes

- **ESignal**

La iteración más actual, ESignal 12, es un programa descargable que viene con una serie de paquetes de análisis técnico y de consulta. También es compatible con los servicios ofrecidos por Tradier e Interactive Brokers, lo que lo convierte en una práctica inclusión si ya utiliza esos servicios.

¿El inconveniente? ESignal es bastante caro. La versión básica cuesta 54 dólares al mes y viene con unas míseras 25 funciones de análisis técnico y un retraso de 15 minutos en la transmisión de datos. Si desea un servicio de transmisión en tiempo real y varios cientos de servicios de análisis de datos, debe pagar la versión Signature, que cuesta la friolera de 176 dólares al mes.

- **iVest MarketGear**

Este programa cuenta con funciones de gráficos que le permiten hacer un seguimiento de las acciones mediante indicadores de rendimiento personalizables. Además, puede utilizar las herramientas de dibujo para determinar las tendencias del mercado, mirar hacia atrás en todas las operaciones pasadas que ha hecho, y programar cuándo y cómo va a empezar a operar con ciertas acciones.

La versión básica ofrece 100 indicadores técnicos que deberían ayudarle a encontrar las acciones que se ajustan a sus preferencias. Además, MarketGear es compatible con TD Ameritrade y E-Trade. En cuanto a las tarifas de suscripción, sólo tiene que lidiar con un precio de 38,00 dólares al mes.

● Meta Stock

Habiendo estado en el mercado desde la década de 1980, Meta Stock es una de las herramientas de análisis técnico más antiguas para los comerciantes e inversores por ahí. Hay una serie de versiones de la herramienta disponible en el mercado ahora mismo, pero la mejor resulta ser Meta Stock R/T, que cuenta con análisis y seguimiento en tiempo real.

La versión básica viene con 150 indicadores de rendimiento, además de una serie de interpretaciones para ayudarle a entender lo que cada indicador le está diciendo. Si opta por la versión avanzada, Meta Stock viene con una función de construcción de indicadores que le permite crear sus propios indicadores. En teoría, esto significa que debería ser capaz de realizar análisis basados en estrategias propias o para las que las herramientas se diseñaron principalmente.

La suscripción tiene un precio de 100 dólares al mes y los datos en directo son puramente opcionales. Además, Meta Stock es bastante compatible con Interactive Brokers.

- **TC2000**

Conocido anteriormente como Worden's TC2000, este programa es compatible con varios sistemas operativos y puede vincularse al sistema de Interactive Brokers. Se trata del paquete más básico, la versión de práctica, que permite realizar gráficos, proyecciones y supervisar las operaciones. Además, su descarga es gratuita.

Sin embargo, si quiere tener acceso a más opciones de escaneo e indicadores de rendimiento, tendrá que obtener las versiones oro y platino, que tienen un precio de 30,00 y 80,00 dólares al mes respectivamente. La alimentación de datos también se paga por separado. A pesar de este elevado precio, el sistema TC2000 es conocido por ser bastante fiable para los inversores que buscan el rendimiento de las acciones en condiciones específicas de mercado.

Los hábitos de los inversores de éxito

Basta con tener las herramientas y cualidades adecuadas para tener éxito, ¿verdad? No es así. Verá, estos activos, herramientas y cualidades personales son buenos, pero sólo si se manifiestan en algo procesable. Y la manifestación no debe ser algo puntual, sino que debe ejecutarse a diario.

En otras palabras, dotarse de las habilidades y herramientas adecuadas no es suficiente si no se utilizan de forma constante. Por tanto, mantener este esfuerzo es la clave para tener éxito como inversor.

Por ello, debe desarrollar hábitos que aumenten sus posibilidades de éxito como inversor. Estos hábitos incluyen:

1. **Ahorro de dinero**

Independientemente de la estrategia que pretenda seguir como inversor y luego como operador, nunca debe acudir al mercado con menos de la cantidad ideal que haya establecido para sus actividades de inversión. Recuerde que va a gastar aquí para ganar más, por lo que necesita un capital considerable para mantener sus esfuerzos.

Entonces, ¿cuál es la cantidad ideal que debería haber ahorrado antes de convertirse en inversor en bolsa? No existe una cifra exacta, pero la cifra generalmente aceptada sería el 15% de sus ingresos anuales. Por supuesto, se trata de la línea de base, ya que algunas personas ahorrarían más del 20% antes de iniciar su carrera como inversores.

Sea cual sea el caso, es importante que tenga más de unos cientos de dólares ahorrados para inversiones si quiere estar en el mercado el mayor tiempo posible.

2. Diversificar

El riesgo es algo a lo que tendrá que enfrentarse regularmente como inversor. Puede tratarse de algo ligero, como cambios repentinos pero menores en el rendimiento de la empresa, o de algo drástico, como una recesión económica masiva.

No hay forma de escapar al riesgo en la inversión en acciones, pero puede suavizar su golpe distribuyendo sus actividades en diferentes sectores y tipos de acciones. La diversificación consiste en añadir nuevos tipos de valores de diferentes ámbitos a su cartera de inversiones.

El objetivo es crear una red de seguridad que evite que toda la cartera pierda valor en caso de que un sector caiga. Por ejemplo, supongamos que hay dos inversores, A y B. Ambos han invertido 1.000 dólares en acciones. A lo invirtió todo en petróleo y metales. B, en cambio, invirtió en energía, electrónica, finanzas, bienes inmuebles y comercio minorista.

Ahora bien, si los precios de las acciones en el sector del petróleo y los metales cayeran, A tiene un mayor riesgo de perder todos sus 1.000 dólares. B, en cambio, podría perder parte de su dinero si los sectores en los que invirtió dieran un giro a peor, pero no todo su dinero se perdería si los otros sectores siguen funcionando bien.

Por supuesto, la diversificación no garantiza los beneficios ni asegura que no sufra pérdidas. Lo mejor es que la diversificación no funciona por clases de acciones. Puede diversificar aún más las acciones en sus propias categorías. Algunos inversores inteligentes diversifican según los tipos de inversión, la ubicación geográfica, el tamaño y la exposición a las acciones.

3. Mantener un plan (a pesar de la volatilidad del mercado)

Cuando el valor de una inversión cae, es natural pensar en retirarse. Un buen inversor, en cambio, se resiste a ese impulso.

En lugar de coger su dinero y correr con él, un inversor mantendrá una asignación considerable de acciones que le ayuden a vivir independientemente de las condiciones del mercado. Cuando se produjo la crisis financiera de 2008, muchos inversores se apresuraron a sacar el máximo provecho de su dinero antes de que las cosas acabasen por irse al garete.

Aunque podrían haber recuperado una parte de lo invertido, les resultó más difícil empezar de cero cuando las cosas volvieron a mejorar a principios de la década de 2010. De hecho, los que no entraron en pánico en 2008 fueron capaces de mantener su presencia en el mercado incluso cuando las cosas empeoraron hasta 2010. Pero cuando las cosas mejoraron, fueron los primeros en abrirse a mejores opciones de negociación e inversión.

Este hábito suele ir acompañado de una cartera de inversiones diversificada. La cuestión es que no se abandona cuando las cosas empeoran. En lugar de ello, ajuste sus estrategias para poder seguir cumpliendo sus objetivos incluso cuando el mercado esté en una fase de caída.

4. Centrarse en la rentabilidad después de impuestos

Los impuestos que tiene que pagar suelen afectar a lo que puede ganar con sus inversiones, según la situación. Por ello, debería considerar la posibilidad de añadir opciones que produzcan mayores rendimientos después de impuestos para sacar el máximo partido a su inversión. Por ejemplo, un 401K, una IRA y otras rentas vitalicias pueden generar mayores rendimientos después de impuestos debido a su naturaleza.

También debe aprender a realizar la localización de activos y la localización de cuentas. La primera es la práctica de colocar sus inversiones en diferentes cuentas en función de su tratamiento fiscal y eficiencia. La segunda, en cambio, se centra más en la colocación de sus inversiones en cuentas en función del tratamiento fiscal de las mismas.

En la práctica, esto significa colocar sus inversiones con la menor eficiencia fiscal posible, como los bonos, en cuentas que tienen impuestos diferidos por naturaleza, como una IRA o un 401K. Por otro lado, si la inversión es más eficiente desde el punto de vista fiscal, debe colocarla en una cuenta sujeta a impuestos.

Los impuestos no deben ser el único objetivo de sus decisiones de inversión. Este hábito es puramente eficaz para asegurarse de que obtiene el máximo de sus inversiones sin dejar de cumplir las leyes fiscales. Y sabemos hasta qué punto Hacienda puede ser implacable cuando se trata de obtener la parte del gobierno en los beneficios personales.

Para concluir

Ahora bien, ¿tener las habilidades, la mentalidad, los activos, las herramientas y las estrategias adecuadas conduce a un inversor de éxito? No exactamente. Recuerde que no hay garantía de éxito en el mercado de valores. Todo el mundo tiene las mismas oportunidades y se enfrenta a las mismas amenazas. Depende de cada inversor en bolsa jugar con sus puntos fuertes y aprovechar los cambios de la situación.

Dicho esto, no está de más armarse con las mejores herramientas posibles del sector para aumentar sus posibilidades de éxito. Es posible que no utilice todas las herramientas mencionadas aquí o que ni siquiera utilice estrategias ajenas a este libro. La cuestión es que su creatividad y su persistencia desempeñarán un papel muy importante a la hora de tener éxito como inversor.

Con todo esto fuera del camino, comencemos a prepararle para dar sus primeros pasos en el mercado.

Capítulo V: La compra de su primera acción

Hasta ahora sólo hemos hablado de lo que hay que ser y lo que hay que tener para tener éxito como inversor. Pero aún queda una pregunta por responder:

¿Qué hay que hacer para tener éxito en la bolsa?

No se haga a la idea de que ésta es una pregunta fácil de responder. De hecho, es una pregunta bastante cargada, y la forma en que la responda depende en gran medida de lo bien que haya aplicado todo lo que ha aprendido hasta ahora. Por lo tanto, a partir de este punto, vamos a hablar de cómo podría aprovechar al máximo su tiempo cuando esté en el mercado de valores.

Para empezar, vamos a centrarnos en la adquisición real de acciones y otras opciones de inversión. Así es como se hace.

1. Encontrar un corredor

Ahora, hemos hablado exhaustivamente de los diferentes corredores a los que puede suscribirse como inversor. Sin embargo, eso todavía no responde a la pregunta de qué empresa de corretaje será la mejor para usted. Tenga en cuenta que los mejores atienden a diferentes estilos y necesidades.

Además, recuerde que la comisión ya no es un problema cuando se trata de algunas empresas de corretaje como Charles Schwab y TD Ameritrade, puesto que ya la han eliminado. En otras palabras, el coste no va a ser exactamente su mayor preocupación para y el resto del futuro previsible.

Por ello, debe hacerse algunas preguntas cuando elija un corredor.

A. ¿Tienen todo lo que necesitas?

Cuando se hace esta pregunta, hay que centrarse en los servicios que ofrecen. Por ejemplo, un corredor puede estar contento de ofrecerle más opciones de inversión, por lo que puede ofrecer opciones de negociación en mercados de valores extranjeros o la opción de comprar acciones fraccionadas de una empresa.

Otras empresas pueden querer invertir en su desarrollo, por lo que también quieren convertirte en un mejor operador/inversor. Algunos corredores ofrecen programas educativos, fuentes, boletines semanales y otras fuentes de información de las que puede extraer muchos conocimientos.

Cada corredor tiene su propio conjunto de características y ventajas que ofrece. Como regla general, debe elegir el que tenga servicios prometidos que valgan la pena una cuota de suscripción que finalmente pueda asumir.

B. ¿Son fáciles de tratar?

Asumiendo que va a ser un experto en tecnología y que va a realizar todas sus inversiones y operaciones en múltiples dispositivos, necesita un broker cuya plataforma esté optimizada para dispositivos portátiles. Es una característica común hoy en día que los corredores permitan a los inversores y a los operadores realizar transacciones con un botón, lo que debería acelerar el proceso sin sacrificar la comodidad y la seguridad.

Otro aspecto en el que podría fijarse es la navegación. Una buena plataforma de intermediación debería permitir transiciones fluidas entre páginas y procesos para que no tenga que volver con frecuencia solo para asegurarse de que su información es correcta.

Además, compruebe si esa empresa de corretaje permite "fases de prueba" para sus programas. No se trata de una oportunidad para que pruebe la calidad del broker de forma gratuita, sino también para que se sienta cómodo con cómo se hacen las cosas en la plataforma.

Pero si usted es un inversor/operador en bolsa que no se siente cómodo realizando todas sus actividades en línea, entonces busque un corredor con una sucursal física cerca de donde vive. Esto debería reducir mucho el tiempo que pasa buscando en páginas y gráficos, a la vez que obtiene una consulta directa e ininterrumpida con un corredor de bolsa.

C. Acotar el campo

Ahora que sabe lo que necesita y pretende hacer con la ayuda de un corredor, lo siguiente es limitar sus opciones a un puñado. Cada corredor tiene sus propias características, ventajas y desventajas, pero uno bueno tiende a marcar ciertas casillas que incluyen:

- Afiliación a una empresa de Regulación y Fideicomiso de Valores como la Securities Investor Protection Corporation.
- Afiliación a la Autoridad de Regulación de la Industria Financiera.
- Cobertura de la Corporación Federal de Seguros, especialmente si ofrecen depósitos en efectivo, cuentas de depósito del mercado monetario y otras cuentas similares.
- Seguro de 250.000 dólares como mínimo en caso de problemas.
- Garantías de protección contra el fraude

- Protocolos de protección de cuentas para evitar ataques en línea.
- Una puntuación consistente de las reseñas de los clientes que va de buena a superior a la media

Lo que todas estas cualidades implican es que la empresa sabe cómo facilitar sus actividades en línea para usted sin dejarle innecesariamente expuesto a las amenazas procedentes de las amenazas externas e incluso a las deficiencias del sistema interno. Al fin y al cabo, se trata de grandes cantidades de dinero, por lo que es preferible hacerlo en una plataforma segura.

2. Abrir una cuenta

Una vez que haya encontrado el corredor de bolsa que más se ajuste a su estilo y necesidades, el siguiente paso es abrir una cuenta en su empresa. Se trata de un proceso bastante sencillo, en el que tendrá que revelar cierta información básica pero vital sobre usted. Teniendo esto en cuenta, lo mejor es que tengas en cuenta algunos puntos.

A. ¿Cómo se va a financiar/pagar?

A partir de ahora, hay múltiples formas de canalizar el dinero dentro y fuera de su cuenta de corretaje. Al abrir una cuenta, considere las siguientes opciones:

- **Transferencia electrónica de fondos -** Esta es una de las opciones más cómodas, ya que conecta su cuenta con una cuenta corriente o de ahorro que ya tiene. En el mejor de los casos, los fondos transferidos aparecerán en la cuenta al día siguiente.
- **Transferencia bancaria - Se trata de** una transacción directa de banco a banco, lo que significa que la transacción tarda unos minutos en completarse. Si busca una transacción rápida, esta opción es la mejor para usted.
- **Cheques -** Una de las opciones de financiación más variables, los cheques no permiten la transmisión instantánea del dinero, sino que lo cambian por una transacción más segura. Por supuesto, la disponibilidad de fondos en una cuenta nunca está asegurada, pero, al menos, puede exigir el pago si ese cheque rebota.
- **Transferencia de activos -** Esta opción es ideal si usted tiene más de 401K en su cuenta o tiene la intención de transferir las inversiones que ya tiene a otro corredor.
- **Certificados de acciones -** Aquí no se transfiere exactamente dinero, sino la propiedad directa de las acciones. Si tiene un certificado en papel y quiere cambiar esas acciones por otras, puede hacer que le envíen el certificado a una cuenta online. No

es la opción de financiación más eficiente, pero funciona.

B. ¿Qué privilegios se ofrecen?

Los privilegios son simplemente los incentivos de los que está obligado a disfrutar en consideración a la apertura de una cuenta con esa empresa. Estos beneficios se dividen en dos grupos que son:

● **Privilegios del margen**

Estas ventajas permiten al titular de la cuenta pedir dinero prestado a la empresa para comprar acciones. Invertir con margen no siempre es un buen camino, pero tener privilegios de margen puede ayudarle a salir de un apuro.

Por ejemplo, hay algunos casos en los que no puede utilizar los fondos depositados a menos que haya abierto una cuenta de margen. Si este requisito está presente en su cuenta, entonces haga que se abra una cuenta de margen, pero asegúrese de que cualquier cantidad que haya tomado prestada se pagará a tiempo.

● **Privilegios de negociación de opciones**

Por lo general, es mejor evitar las opciones sobre acciones si es un operador nuevo, pero sería mejor saber si la empresa le ofrece privilegios para operar con opciones. No se preocupe, ya que hay varios niveles de privilegios de negociación de opciones entre los que puede elegir. Incluso puede cambiar dichos privilegios una vez que se acostumbre a ser un inversor/operador.

3. Investigar

Aquí es donde debe centrarse la mayor parte de su tiempo al comprar su primera acción. En ningún caso debe entrar en una inversión a ciegas. Por el contrario, debe saber todo lo que hay que saber sobre esa acción antes de comprarla.

Y eso da lugar a la pregunta: En qué hay que fijarse a la hora de analizar las opciones de inversión. He aquí algunos factores para tener en cuenta.

A. Crecimiento de los ingresos

Lo primero es determinar cómo ha aumentado el valor de esas acciones a lo largo de los años. Lo que debe buscar aquí no son cambios masivos y puntuales, sino una mejora gradual del valor a lo largo del tiempo. Una "tendencia", por así decirlo.

Utilice las plataformas de su broker y mire si pueden trazar un gráfico sobre el precio de esa acción durante años. Lo que debe buscar es una tendencia al alza. Es posible que se produzcan caídas a lo largo de los años, pero en general debería seguir una trayectoria en la que el valor actual sea bastante mejor que el que tenía esa empresa al principio.

Una vez que sepa que esa acción sigue una tendencia alcista, lo siguiente es averiguar por qué. Por regla general, elija siempre una empresa cuyas acciones disfruten de una tendencia de valor al alza, que esté provocada por cambios en la calidad de sus productos y/o servicios. Esto es un indicador de buen rendimiento y viabilidad.

B. Fuerza relativa de la empresa

Cuando se busca una empresa para comprar acciones, hay que fijarse primero en el sector en el que opera. Normalmente, un buen rendimiento del sector le indicará que una empresa prosperará en él.

Pero, por supuesto, hay que saber cómo funciona esa empresa en relación con sus competidores. ¿Qué ventajas tiene? ¿Ha utilizado esas ventajas o ha aprovechado sus puntos fuertes? ¿Existe una amenaza potencial para su viabilidad como inversión? Se trata de preguntas cruciales que debe plantearse, ya que prefiere invertir en una empresa competitiva que en una que fracasa (a menos que esa sea su estrategia, por supuesto).

Para evaluar la solidez relativa de una empresa, hay que examinar sus cifras de ventas, así como sus flujos de caja y su cuenta de resultados. Puede facilitar esta tarea comparando esa empresa con sus competidores y calculando su rendimiento en comparación con el resto durante un periodo de tiempo determinado. Existen aplicaciones para corredores de bolsa que pueden ayudarle a obtener este rendimiento rápidamente.

C. Relación entre la deuda y los fondos propios

De todos los ratios financieros que se pueden utilizar, éste es quizás el más crucial a la hora de buscar acciones para comprar. Para utilizarlo, hay que hacerse con la cuenta de resultados de la empresa. Si tiene las cifras, tiene que dividir el total de pasivos que tiene una empresa en su hoja por el total de accionistas.

Si busca una empresa con una baja tolerancia al riesgo, la cifra que debe obtener no debe ser superior a 0,3, Por supuesto, esta relación entre deuda y fondos propios sirve para la mayoría de las empresas, no para todas. Las empresas de construcción, por ejemplo, tienen unos ratios de deuda sobre fondos propios más elevados debido a su dependencia de la financiación mediante deudas.

Sea cual sea el caso, asegúrese de que la relación entre la deuda y los fondos propios de la empresa está dentro de las normas del sector al que pertenece. Como mínimo, una buena relación entre la deuda y los fondos propios indica que la empresa, si las cosas se ponen peor, tendrá más accionistas a los que pagar que acreedores.

D. Relación entre el precio y los beneficios

Como su nombre indica, este ratio determina cuánto está haciendo el precio de las acciones de una empresa en comparación con lo que ha estado ganando. De hecho, este ratio le dirá si una empresa está sobrevalorada o infravalorada.

Para encontrar este ratio, lo que hay que hacer es dividir el precio actual de las acciones de la empresa entre el precio de sus beneficios por acción. Por ejemplo, si una empresa cotiza a 30 dólares por acción y su beneficio por acción es de 1,875 dólares, la relación entre el precio y el beneficio es de 16, una cifra bastante elevada.

Incluso puede utilizar este ratio para comparar los precios de las acciones entre empresas competidoras del mismo sector.

E. Gestión de dividendos

Para ir al grano, una empresa debe pagar sus dividendos para ser considerada una empresa estable en la que invertir. Esto es bastante importante si esa empresa ha mostrado un aumento en los pagos durante varios años. En otras palabras, está ganando más que suficiente para pagarse a sí misma, a su personal y a todos los accionistas que invirtieron en ella.

Sin embargo, hay una advertencia: un aumento de la rentabilidad de los dividendos no debe ser repentino, de modo que forme un pico en el gráfico. Eso es una señal bastante reveladora de que la empresa no está invirtiendo mucho en sí misma o se está desesperando por atraer a nuevos inversores.

Además, la rentabilidad de los dividendos no siempre es necesaria para determinar el rendimiento de una empresa. Cuando los tiempos económicos son difíciles, es habitual que las empresas recorten sus dividendos para mantenerse a flote. No es una señal de que la empresa esté a punto de hundirse, sino que está cambiando sus objetivos para pagar primero a los acreedores y cuidar a sus empleados.

Pero, si las condiciones son buenas en la economía, entonces busque un fuerte pago de dividendos al invertir.

F. El liderazgo

Hay que saber exactamente QUIÉN dirige la empresa. Un liderazgo eficaz significa que esa empresa puede durar mucho tiempo en diferentes condiciones económicas mientras gestiona un flujo de ingresos estable.

Además de tener un sólido rendimiento de base en el liderazgo, los ejecutivos también deben dar muestras de innovación, así como de flexibilidad en los mercados en los que deciden operar. En las mejores condiciones, esto significa que las acciones de la empresa no sólo siguen una tendencia al alza en el precio, sino que la propia tendencia se traza en un punto más alto que la mayoría de sus competidores.

G. Estabilidad a largo plazo

Si hay un término que hay que entender realmente cuando se trata del mercado de valores, sería la volatilidad. Aquí nunca hay nada seguro y lo que hoy tiene un buen rendimiento puede perder cientos o miles de dólares unas horas más tarde. Esa es la dinámica bastante peculiar del mercado a la que todo el mundo tiene que atenerse.

Por ello, no haga del beneficio su único factor para determinar la solidez de una empresa. En algún momento, todas las empresas van a perder valor en el mercado de valores por razones que están dentro y fuera de su control. En cambio, lo que debe buscar es la estabilidad de una empresa en el mercado a largo plazo.

Esto debería reflejarse en su gráfico como una tendencia suave pero ascendente. Es posible que sufra algunas caídas aquí y allá, pero la empresa debería ser capaz de recomponerse y volver más fuerte que nunca.

Esto también debería reflejarse en una serie de factores que ya hemos comentado en esta sección. Una empresa estable tiene fuertes ingresos, bajos niveles de deuda, una fuerte ventaja competitiva y está dirigida por personas que saben exactamente lo que hacen.

4. Decidir la cantidad de acciones

Ahora que sabe en qué empresa invertir, la siguiente parte sería determinar cuántas acciones quiere comprar. En comparación con el paso anterior, este debería ser un proceso bastante sencillo, por lo que no debería haber ninguna presión por su parte sobre el número de acciones que querría comprar.

Pero ¿cuál es un buen rango para los inversores novatos como usted? Para estar seguro, empieza con el número cuantificable más pequeño que haya: 1.

Empezar con una sola acción tiene sus ventajas. Para empezar, le ayuda a hacerse una idea de esa empresa sin exponerse demasiado al riesgo si compra en un momento inoportuno. Una vez que se sienta seguro con esa empresa, puede añadir más acciones,

También puede considerar lo que se llama "acciones fraccionadas". Se trata de algo nuevo en las empresas en las que se puede comprar una parte de una acción, no la totalidad. La ventaja que ofrecen es que permiten a los inversores hacerse con acciones más caras sin tener que salirse de su presupuesto,

Sin embargo, no todos los corredores ofrecen esta opción. Sólo unos pocos corredores como Charles Schwab, SoFi Active Investing y Robinhood ofrecen estas acciones fraccionarias, De cualquier manera, se recomienda que pregunte si tal opción es ofrecida por su corredor. Sobre el papel, le permitirían ganar más acciones, pagar la totalidad de las acciones gradualmente y diversificar su cartera en un instante.

5. Elección del tipo de pedido de existencias

Esta es una de las partes más engañosas del proceso de compra, no porque sea realmente fácil. Más bien se trata de lo contrario, ya que la elección del tipo de orden de compra de acciones adecuado parece complicada, pero, en la práctica, es una de las partes más fáciles del proceso.

¿Cómo es eso? Para empezar, se va a encontrar con un montón de palabras y términos extravagantes con los que las empresas denominan sus órdenes de compra de acciones. Es posible que empiece a pensar que ahora va a tener que lidiar con un montón de complicada jerga comercial sólo para conseguir sobrevivir en este campo.

¿La verdad? No es necesario aprender un montón de tipos de órdenes y términos complicados para comprar acciones con éxito. De hecho, muchos inversores de éxito han hecho carrera comprando sólo dos tipos de órdenes. Son los siguientes.

A. **Orden de mercado**

Una orden de mercado es simplemente el tipo en el que usted compra la acción a su mejor y actual precio disponible en el mercado. Una ventaja notable que tiene este tipo de orden de compra de acciones es que permite la ejecución inmediata y el cumplimiento de su orden. La razón de esto es que no hay parámetros de precio establecidos para la compra. Por supuesto, la orden se ejecuta inmediatamente si no está comprando acciones por valor de más de millones o si está participando en un cambio de votos mayoritarios en una empresa.

Sin embargo, como no hay parámetros de precios, espere que el precio que se le dé no sea el mismo que se le cotizó cuando estaba contemplando comprar esa acción hace unos momentos. Los precios de oferta y de venta fluctúan cada hora. Por lo tanto, una orden de mercado es ideal si desea comprar acciones con oscilaciones de precios más estables.

En otras palabras, este tipo de orden es ideal si usted está comprando acciones de una empresa más grande, de buena reputación y estable.

Consejo: El tiempo es la clave para sacar el máximo partido a una orden de mercado, ya que los precios fluctúan por horas. Por lo tanto, haga su orden de mercado "después de las horas". Esto significa que debe comprar la acción cuando el mercado de valores haya cerrado por el día.

¿Por qué? Esto hará que el precio de su orden se coloque al precio más vigente de esa acción para el día en que la bolsa abra para el día siguiente. Por lo tanto, siempre que el precio vigente sea bueno ese día, puede estar seguro de que el precio de compra de sus acciones será bastante bueno.

Además, compruebe las condiciones de ejecución por parte del corredor de su elección en este tipo de orden. Algunos corredores que ofrecen sus acciones a bajo precio suelen agrupar todas las órdenes de sus clientes y ejecutarlas todas a la vez por debajo del precio vigente de esa acción en el día. Al menos, usted sabrá por qué sus órdenes de acciones están tardando tanto en ser ejecutadas si alguna vez ocurre eso.

B. Orden de límite

A diferencia de la orden de mercado, las órdenes limitadas ofrecen a los inversores y operadores un mejor control sobre el rango de precios de las acciones. Su funcionamiento es bastante sencillo.

Digamos, por ejemplo, que la empresa DEF cotiza sus acciones a 200,00 dólares por acción. Sin embargo, usted cree que las acciones deberían cotizar a 180,00 dólares, dado el rendimiento actual de la empresa. Además, existe la posibilidad de que el precio caiga a 180,00 dólares o menos en las próximas horas o días.

Como tal, una orden limitada funciona diciéndole al comerciante que se abstenga de ejecutar la operación con usted hasta que el precio baje a 180,00 dólares. Piense que es como ir a los grandes almacenes y decirle al cajero que coloque todos sus pedidos en un compartimento secreto para poder pagarlos una vez que la tienda tenga una rebaja.

Este tipo de orden es bastante favorable para los inversores que quieren invertir en empresas más pequeñas y volátiles o cuando el mercado está experimentando algún período de volatilidad a corto plazo.

Además, puede personalizar aún más su orden limitada añadiendo ciertas condiciones. Puede optar por una orden de todos o ninguno, en la que su orden se ejecutará sólo cuando todas las acciones que desee comprar hayan alcanzado un determinado precio.

También puede optar por el tipo Good for the Day, en el que su orden se ejecutará o expirará al final del día, aunque no se cumplan todas las condiciones. Por último, puede optar por el tipo Good Til Canceled, en el que su orden nunca expirará hasta que usted lo diga o hasta que hayan pasado de 2 a 4 meses y las acciones no hayan cumplido sus condiciones.

Otros puntos para tener en cuenta

Tenga en cuenta que una orden limitada no garantiza exactamente el cumplimiento de su pedido. El tipo de orden funciona en realidad por orden de llegada. Las órdenes que tienen parámetros más fáciles de completar se cumplirán primero y sólo ocurrirá si la operación realmente beneficia al comerciante también.

Además, una orden limitada puede ser más costosa para un inversor a largo plazo. Las órdenes limitadas que no se completaron o cumplieron durante un día pueden seguir cumpliéndose en los días siguientes, lo que puede aumentar los costes por su parte. Por lo tanto, modere sus condiciones con las cifras reales del mercado. Cuanto más factibles sean sus condiciones, más rápido se cumplirá su orden limitada.

Si todo va bien y sigue todos los pasos anteriores, entonces ¡Felicidades! Por fin ha comprado su primera acción. Ahora, la pregunta es ¿qué va a hacer con ella?

Un inversor tiene varias opciones sobre lo que podría hacer con sus acciones en un futuro próximo. Las discutiremos intensamente en los capítulos siguientes.

Capítulo VI: Los fundamentos del comercio

Como se ha dicho anteriormente, el trading es quizás uno de los métodos más rápidos para ganar con su estancia en el mercado de valores. Pero el hecho de poseer acciones no significa que tenga lo que se necesita para ser un comerciante exitoso.

Operar con acciones es un arte y una ciencia. Dependiendo de la estrategia que elijas, todo el proceso puede ser una brisa o una pesadilla total por su parte.

Pero como es una parte integral del mercado de valores, vale la pena saber lo que se necesita para tener éxito en el campo del comercio de acciones. Además, debe saber cómo gestionar algunos de los riesgos y oportunidades más inherentes a este subcampo del mercado. He aquí cómo hacerlo.

Lo básico

Dado que éste será su primer intento de negociar, es mejor que las cosas sean sencillas. Dicho esto, todo el proceso de negociación de acciones puede dividirse en un puñado de pasos.

1. Ser propietario de una cuenta de corretaje

No hace falta decir que no puede operar si no está afiliado a una empresa de corretaje. En el capítulo anterior se han explicado con bastante detalle los entresijos de la apertura de una, por lo que ahora debería saber cómo hacerlo por sí mismo.

Dicho esto, esta es la parte fácil, ya que sólo está configurando la plataforma donde va a realizar todas sus actividades relacionadas con el comercio.

2. Entender las órdenes de mercado y límite desde la perspectiva del operador

"¿No hemos hablado ya de esto? puede preguntar y, sí, es cierto,

Pero lo que ha entendido hasta ahora sobre las órdenes de mercado y límite es cómo funcionan desde el punto de vista del comprador. ¿Qué ocurre entonces con el comerciante?

Al igual que con un comprador, un operador puede optar por utilizar órdenes limitadas o de mercado en función de lo que desee. Sin embargo, hay algunas ventajas clave que un operador puede obtener de estos tipos de órdenes que son las siguientes.

A. Órdenes de mercado - Dado que estos tipos de órdenes requieren que una orden se ejecute lo antes posible, usted puede determinar realmente cuándo se ejecutará esa orden ese día. Esto funciona de dos maneras. En primer lugar, le ayuda a aprovechar el precio vigente de esa acción, por lo que también obtiene un beneficio considerable de la operación. Esto es, por supuesto, si la orden se hace antes de que la bolsa cierre ese día.

De hecho, puede hacer que todos los pedidos se ejecuten en cualquier momento del día que desee para no pasar todo el día haciendo procesos repetidos de cumplimiento de pedidos. Como mínimo, es un tipo de pedido más cómodo para usted.

¿Pero qué pasa con las operaciones "fuera de horario"? Pues bien, los precios de esos valores se fijarán al precio vigente ese día, que se utilizará como referencia para el día siguiente, cuando abra la bolsa.

Además, el precio por el que se comprarán las acciones puede no ser exactamente el mismo que el precio que usted cotizó al comprador. Dependiendo del momento en que se haya realizado la operación, esto puede ser una ventaja.

B. Órdenes limitadas - Debido a la colocación

de parámetros para la ejecución de las acciones, podría pensar que este tipo de orden no sería beneficioso para usted. Sin embargo, esto también significa que usted tiene más control sobre cómo se va a cumplir la orden.

Si el comprador, por ejemplo, pone la condición de que el pedido se cumplirá si el 20% de los precios de las acciones caen antes de un determinado período, pero otro comprador comprará las mismas acciones lo antes posible, al menos puede dar más preferencia a este último en lugar del primero.

Esencialmente, usted puede dictar quién puede comprar sus acciones y en qué período, dependiendo de qué compradores tienen la menor cantidad de "demandas" antes de empezar a pagar por ciertas acciones.

3. Practica

Podría decirse que existe un cierto nivel de intimidación cuando se trata de operar. Puede suavizar su entrada en el proceso realizando algunas rondas de práctica de baja presión con la empresa de corretaje de su elección. Algunas empresas, como TD Ameritrade e Interactive Brokers, permiten a los operadores principiantes realizar algunas operaciones "de papel", en las que se negocian acciones reales, aunque de bajo precio, por una pequeña cantidad de dinero o ninguna.

El objetivo de estas operaciones de práctica es permitirle perfeccionar sus habilidades en el comercio sin que ello suponga una gran merma en su presupuesto. Además, le ayuda a construir su historial como comerciante para que otros compradores tengan más confianza en hacer negocios contigo.

Para estar seguro, pregunte por esta opción al corredor de su elección. Algunos no ofrecen la posibilidad de practicar las operaciones, pero ofrecen alternativas como cursos de formación y asesoramiento.

4. Evaluación comparativa

El objetivo del comercio de acciones es estar siempre unos pasos por delante de un determinado índice de rendimiento. Entonces, ¿qué es exactamente un "índice de rendimiento"? Podría ser simplemente el índice utilizado por Standard & Poor conocido como el índice 500. También podría ser el índice compuesto utilizado por el NASDAQ. Podría ser cualquiera de esos índices de rendimiento más pequeños que utilizan las agencias y que se centran en determinados factores como la ubicación geográfica, el tamaño y el tipo de industria.

Sea cual sea el caso, debe tener una buena idea de cómo se comporta el mercado en este momento. Si el inversor con el que está tratando no es capaz de seguir ese índice de referencia de rendimiento, entonces debe apuntar a opciones de inversión de bajo coste, como fondos de inversión o ETF. La cuestión es que las acciones que tiene que ofrecer para ese día deben alinearse con lo que el índice de referencia le dice que será rentable para ese día.

5. ¡Cambio!

Si está listo para realizar su primera operación, todo lo que tendrá que hacer es depositar fondos en su cuenta de corretaje a través del sistema de financiación que ha colocado para ello. Si los fondos ya están procesados y listos para su uso, entonces tendrá que seleccionar la acción que desea negociar, elegir el tipo de orden que desea utilizar, y luego colocar su orden.

Lo importante es que se asegure de que la orden se ejecuta realmente. Una orden de mercado se procesará inmediatamente mientras que una orden limitada tarda un buen rato en procesarse. Por lo tanto, trate de hacer que sus parámetros sean un poco más razonables y alcanzables para que su orden limitada sea procesada más rápidamente.

Consejos de supervivencia para principiantes

La capacidad de pasar por el proceso de negociación de forma segura es un sello distintivo de un buen operador. Las cosas pueden ser bastante "intensas" cuando se negocia. De hecho, es en el trading donde se podría remontar esa idea errónea de que el mercado de valores es despiadado.

Sin embargo, eso no significa que los novatos absolutos como usted no puedan sobrevivir a su primera etapa en el proceso de negociación. He aquí cómo:

1. Construya su base lenta y gradualmente

Mire, nunca debe llegar al proceso de negociación con las armas en ristre. Esa es una forma segura de colocarse en una posición en la que va a perder mucho dinero frente a operadores y compradores más experimentados. Primero, hágase a la idea del proceso realizando algunas actividades de bajo coste como:

- **Promedio del coste del dólar:**

En este caso, usted sólo controla la cantidad que va a negociar y cuándo lo hará. La cantidad fijada será la que utilice para comprar acciones cuando los precios de las acciones sean bajos y menos cuando los precios suban. La cuestión es que sus costes se equilibrarán después de un periodo de tiempo.

He aquí un ejemplo para que las cosas sean más fáciles de entender. Supongamos que tiene un presupuesto de 1.000 dólares al mes para invertir. Cuando aplique el promedio de costo en dólares, así es como se verá su presupuesto:

- Mes 1: 30,00 dólares. Por lo tanto, 1.000 dólares divididos por 30,00 dólares serán 33 acciones.
- Mes 2: 25,00 dólares. Por lo tanto, 1.000 dólares divididos por 25,00 dólares serán 40 acciones
- Mes 3: 20,00 dólares. Por lo tanto, 1.000 dólares divididos por 20,00 dólares serán 50 acciones
- Mes 4: 50,00 dólares. Por lo tanto, 1.000 dólares divididos por 50,00 dólares serán 20 acciones
- Mes 5: 40,00 dólares. Por lo tanto, 1.000 dólares divididos por 40,00 dólares serán 25 acciones

En 5 meses de uso del sistema, usted habrá adquirido 168 acciones únicas sin gastar de más. Usted puede hacer esto mediante el establecimiento de un calendario para usted, pero hay corredores por ahí que pueden automatizar el proceso de programación para usted.

- **Comprar en tercios**

Aquí, dividirá la cantidad que ha establecido para las operaciones por tres y elegirá en cuál de las tres áreas quiere centrarse más. Puede elegir para intervalos regulares como meses o trimestres o en eventos específicos como aniversarios de la empresa o mejoras en sus resultados.

- **Compra de cestas**

Ahora bien, ¿qué ocurre si no puede decidir cuál de las varias empresas que ha elegido tiene más posibilidades de éxito, ya que ambas son igualmente viables? La siguiente mejor opción es comprar o negociar acciones de ambas. De este modo, se elimina inmediatamente el estrés de tener que elegir la mejor empresa en la que invertir, al tiempo que se aprovecha cualquier cambio repentino en los resultados de cualquiera de ellas.

Esta estrategia también es excelente para determinar cuál de las dos empresas será finalmente la mejor opción y así poder invertir más en ellas.

2. Nunca, nunca caigas en un "consejo caliente"

Hay muchos esquemas de "pump and dump" que buscan incautos que inviertan en acciones baratas. Suelen dar bombo al mercado (normalmente en Internet) e incluso pagan a gurús de Wall Street aparentemente fiables para asegurarse de que todo va bien.

Una vez que tengan suficientes inversores, harán subir los precios para atraer a más inversores. Si se ha generado suficiente dinero, estas personas se retirarán del mercado, haciendo que los precios de sus acciones se desplomen.

El punto aquí es nunca caer en cualquier consejo de comercio de acciones que le asegura rendimientos de ganancias masivas en un corto período de tiempo y las empresas que están respaldados por personas que aparentemente no puede encontrar credenciales notables fuera en el Internet. Un poco de cuidado y sentido común le ayudarán a evitar que se convierta en el próximo objetivo de una trampa de dinero en el mercado de valores.

3. Hágase amigo del recaudador de impuestos

Si usted es un comerciante que no utiliza una cuenta 401K o IRA, entonces no está disfrutando de un estatus con ventajas fiscales. Esto significa que va a tributar por sus ganancias de capital considerablemente, lo que puede complicar las cosas.

Sin embargo, la Agencia Tributaria tiene diferentes normas y tipos impositivos en función de sus ingresos, así como del tipo de operaciones que realice. Y si surgen discrepancias en el cálculo de sus impuestos, puede impugnarlas y presentar pruebas de que sólo ha ganado esa cantidad en ese periodo. El exceso que haya pagado se compensará en el siguiente periodo impositivo (lamentablemente, no es posible hacer devoluciones a Hacienda).

4. **No se anticipe**

Si ha tomado la decisión de comprar o negociar acciones, es posible que sienta la necesidad de realizar las órdenes PRONTO. Por lo tanto, empieza a observar los gráficos y espera el momento adecuado para lanzarse a comprar u operar con esas acciones.

Aquí es donde se producen muchas frustraciones, ya que los gráficos pueden acercarse a su precio deseado, pero luego vuelven a bajar. Lo que debería hacer es encontrar el "punto dulce" en el que el precio es lo suficientemente bueno para usted y para el comprador. Puede que no se acerque a lo que usted desea, pero, al menos, tiene un buen punto de entrada en el que puede empezar a negociar el precio de sus acciones. Si esperas

demasiado para empezar a negociar, puede que llegues a un punto en el que la tendencia empiece a tomar un giro a la baja.

5. El momento oportuno

Si el objetivo del inversor es comprar barato, el objetivo del operador es comprar y operar en el momento adecuado. Entonces, ¿cuál es el "momento adecuado", exactamente?

Cuando vea que las acciones se están fortaleciendo, es decir, que se dirigen hacia una tendencia alcista, entonces es el momento de empezar a comprar. Y si las acciones están mostrando signos de seguir una tendencia a la baja, entonces es el momento de vender.

El énfasis clave aquí es que las acciones "muestren" fortaleza o debilidad, no cuando son realmente fuertes y débiles. si eso ocurre, entonces el precio es demasiado costoso para usted o demasiado bajo para que obtenga beneficios cuando quiera empezar a operar.

He aquí un ejemplo. Supongamos que las acciones de la empresa están a 10,00 dólares por acción, pero que van a llegar a 25,00 dólares en los próximos días debido a su fuerte rendimiento. No espere a que las acciones alcancen realmente los 25,00 dólares por acción para empezar a comprar. Y si ocurriera lo contrario, no espere a que los precios de las acciones lleguen a la marca de 10,00 dólares para empezar a operar. Al menos, no se pondrá en desventaja al programar bien sus actividades.

Estrategias de negociación alternativas

Si ya domina los conceptos más básicos del comercio, puede que quiera probar otras tácticas que los comerciantes experimentados han estado utilizando.

Todo el mundo tiene su propia manera de operar con acciones, pero ¿cuáles de estas estrategias han demostrado funcionar? Su eficacia variará en función de la situación, pero he aquí algunas de las tácticas que los operadores experimentados (y con éxito) han utilizado en el pasado.

1. IPO

Conocidas formalmente como Ofertas Públicas Iniciales, las OPI son una consecuencia directa del paso de una empresa privada a una que cotiza en bolsa. En la mayoría de los casos, las OPI de una empresa son las primeras acciones que ofrece a sus primeros accionistas y que pueden negociarse públicamente una vez que la empresa entra en el mercado de valores.

Se puede sacar provecho de una OPV de dos maneras. La primera opción es observar y esperar cómo cambia el valor de estas acciones con el paso del tiempo. Si el precio es justo dadas las circunstancias, entonces cómprelo y luego espere a que los precios suban para volver a negociarlos.

La segunda opción es comprar las acciones de la OPI en cuanto la empresa empiece a cotizar en bolsa. Sin embargo, no hay ninguna garantía de que el valor de esas acciones vaya a subir, ya que depende de la tasa de rendimiento de la empresa a corto y largo plazo. Pero, si la empresa crece en el mercado, podrá vender las acciones a un precio más alto.

2. La venta en corto

Esta estrategia es ideal para los operadores que son un poco aventureros con sus actividades. Toda la premisa de la venta en corto es que usted vende acciones (que no son de su propiedad) en la creencia de que su valor bajará rápidamente en unas semanas o días. Y cuando ese precio caiga masivamente, puede volver a comprarlas al nuevo precio bajo y devolver las acciones a sus propietarios.

Sin embargo, este truco sólo funciona si la acción en cuestión cae realmente. Si la acción está preparada para caer, pero, en lugar de ello, sube de precio, acabará perdiendo dinero. Por lo tanto, las pérdidas potenciales que puede obtener de una venta en corto son mayores que las ganancias potenciales que podría generar. Será necesario un poco de especulación meticulosa para que esta estrategia funcione.

3. Negociación por márgenes

Si tiene una cuenta de márgenes, tiene la opción de pedir dinero prestado para poder operar con acciones. Con el dinero prestado, puede aumentar el número de acciones que puede comprar sin tener que esperar a que los fondos adicionales sean transferidos a su cuenta.

He aquí un ejemplo. Supongamos que el precio total de las 10 acciones que ha comprado está en 200,00 dólares. Si no tiene una cuenta de márgenes, va a pagar la suma total de dinero directamente de la cantidad disponible en su cuenta. Pero con la opción de márgenes, el corredor de bolsa podría prestarle la mitad o 100,00 dólares mientras usted aporta el resto.

Si sus acciones dan un beneficio de 20 dólares por acción, lo que le da un beneficio de 400 dólares. Devuelve los 100 dólares que debe al corredor de bolsa y se queda con el resto del dinero.

Sin embargo, hay una advertencia. Utilice la opción de márgenes sólo cuando esté en apuros. Es fácil ser imprudente y abusar de la opción.

¿Qué sucede si los precios de las acciones caen y usted genera pérdidas? Sigue estando obligado a pagar la cantidad que debe al broker.

Estrategias aún más avanzadas para los operadores de día

El trading de día es donde las cosas se pueden poner emocionantes. Si desea probar su mano es, usted debe entender que el objetivo general para la supervivencia aquí es encontrar la mejor tendencia para el día y la salida en el momento adecuado.

Entonces, ¿qué es una buena táctica de trading diurno? Debe seguir ciertos elementos como:

- **Señales de trading -** La estrategia debe establecer claramente cómo va a abrir y cerrar las operaciones. Cuanto más claras sean las reglas técnicas, más fácil le resultará aplicarlas. Y cuanto más lógicas sean, menos espacio para la interpretación y la impulsividad habrá por su parte si empieza a operar.

- **Reglas de Stop-Loss -** El riesgo es un factor indudable en el trading diario y su objetivo es mitigarlo lo mejor posible. Aquí es donde entra en juego una regla de stop-loss, ya que una buena regla puede limitar la exposición al riesgo de sus inversiones al 1-2%. Cualquier operador tendrá que realizar entre 50 y 100 operaciones perdedoras para perder todos sus fondos en una cuenta. ¿Cómo de bueno sería que esas 50-100 operaciones malas fueran realmente buenas? Esto sólo ocurre si tiene una regla clara de stop-loss y puede seguirla fácilmente.

- **Tasa de éxito de moderada a alta** - La estrategia que utilice debe tener una tasa de éxito relativamente alta en comparación con el riesgo al que se va a exponer. En otras palabras, las recompensas que va a obtener potencialmente deben valer el riesgo que eventualmente sufrirá si las cosas se le van de las manos.

Por ejemplo, si tiene una estrategia con una tasa de éxito del 50%, eso significa que 5 de cada 10 operaciones tendrán éxito. Ahora, combine esto con una proporción de riesgo a retorno de 1 a 10, donde hay 1 operación arriesgada por cada 9 operaciones moderadamente arriesgadas. Eso significa que en el 50% de las operaciones, usted acertará.

Tenga en cuenta que a partir de esta parte todavía está haciendo números. No se puede saber cómo se producirá cada operación. En cualquier caso, su disciplina como trader y su capacidad para salir antes de que las pérdidas empiecen a acumularse serán cruciales.

Una vez que se ha dicho esto, a continuación, se presentan algunos de los trucos más avanzados para el trading diario que puede utilizar.

1. La nube de Ichimon

Esta estrategia aprovecha al máximo el gráfico en el que se trazan 5 líneas en un indicador de la acción del precio, dos de las cuales consisten en la "nube" o el límite del indicador de rendimiento máximo para determinadas acciones. Otra línea será la línea base que refleja el rendimiento real del precio de una determinada acción. La cuarta y la quinta línea indicarían la línea de orden de stop-loss que su línea de precio nunca debe alcanzar si quiere obtener beneficios para ese día.

Cómo funciona esta estrategia es que usted abre una acción para una operación siempre que los precios alcancen o salgan de las líneas de la nube. A continuación, mantendrá esa operación abierta hasta que alcance la línea azul o termine el día.

Dado que usted espera que el precio de las acciones siga una tendencia, la tercera línea debe seguir de cerca la tendencia trazada por las líneas de la nube. Ponga una distancia considerable en sus líneas de precio y rendimiento con la línea de orden de stop-loss y luego cierre si la nube de precios interactúa con la línea de rendimiento.

El objetivo general aquí es hacer que su línea de precios siga la línea de rendimiento a una distancia cercana pero segura para proteger sus inversiones contra picos repentinos en la tendencia.

2. La estrategia del RSI/oscilador estocástico

Esta estrategia utilizará plenamente el Índice de Fuerza Relativa y lo que se conoce como el Oscilador Estocástico. Estos indicadores suelen seguir el valor de las acciones y determinar si están sobrecompradas o sobrevendidas

La premisa aquí es arrancar es peinar el mercado y comprobar los movimientos más pequeños de los precios y luego buscar una alta actividad comercial. Como tal, esta estrategia requerirá la multitarea y la capacidad de llegar y adaptarse a los cambios repentinos en el gráfico.

Para utilizar esta estrategia, primero debe abrir la operación cuando reciba señales tanto del RSI como del oscilador estocástico de que ciertas acciones están sobrecompradas y sobrevendidas. A continuación, busque las áreas en el gráfico donde tanto el RSI como los osciladores se encuentran en los puntos más bajos, lo que indica una instancia de doble sobreventa.

Ahora bien, si ambos indicadores suben, eso significa que la acción estaba sobrecomprada y usted debería responder con una operación corta. Esa operación debe ocurrir tan a menudo hasta que uno de los indicadores vaya en su dirección opuesta, lo que debería señalar una señal opuesta y un movimiento de precios desfavorable.

Para el stop-loss, lo único que tendrá que recordar es que sus órdenes de stop-loss deben estar bastante cerca por seguridad. Mejor aún, debería decidir una distancia de stop-loss considerable y seguir esa tendencia.

3. Post-Gap con Price Action Trading

Si usted es la persona que comercia con activos de comercio basado en acciones, entonces esta estrategia podría funcionar para usted. La premisa aquí es establecer una brecha con el fin de aplicar correctamente las reglas de esta estrategia. Además, debe tener una lista de activos financieros para negociar ese día, ya que estos tienen brechas entre los diferentes períodos de negociación.

Esta estrategia comienza al principio del día que tiene el hueco de la mañana para los activos.

Entonces, entre 30 minutos y una hora después de la apertura, sus activos financieros estarán allí para ser la acción más estable que tiene en oferta.

Es importante que observe lo que ocurre en esos 30 a 60 minutos después de la apertura. Si las acciones comienzan con una fuerte brecha alcista y luego el precio llena esa brecha en la siguiente hora, entonces hay suficientes razones para creer que los precios de esa acción continuarán aumentando en esa hora. Pero si el precio sigue bajando, entonces tal vez no haya un fuerte crecimiento para esa acción en esa sesión.

Otra característica de esta estrategia es que utiliza constantemente las reglas de la acción del precio para determinar dónde y cómo va a salir para esa sesión. El objetivo aquí es terminar el día con una figura fuerte para que su inicio del día siguiente sea fuerte también.

Para su regla de stop-loss, debe colocarse en el lado opuesto de la brecha. Si abre una operación alcista fuerte, entonces la orden de stop-loss debe estar en el punto más bajo del gap. Pero si está comenzando con una condición bajista, entonces la orden de stop-loss debe colocarse en el punto más alto de la brecha.

Lo más importante:

Toda esta charla sobre las tendencias y las cifras sólo le indica que la disciplina es un componente clave para el éxito entre los operadores del día. Un error que cometen a menudo los operadores del día es que no se ciñen a su estrategia, lo que da lugar a que se pierdan puntos de entrada y salida, así como a pérdidas masivas al final del día.

Además, se necesita tiempo para darse cuenta de que ya se está desviando de su estrategia. Por lo tanto, podría ser demasiado tarde para corregir el rumbo y salir fortalecido.

Por lo tanto, vale la pena escribir su estrategia en algún lugar donde sea fácil de ver y recordar. Además, las aplicaciones que utilice le ayudarán a trazar el rendimiento de las acciones para ese día. De usted depende, pues, seguir de cerca los movimientos de los valores y calcular bien sus acciones.

Conseguir ser bueno con estas estrategias le llevará tiempo y práctica, pero, finalmente, será capaz de abrir con confianza su jornada de trading y cerrarla con cifras sólidas.

Cómo programar correctamente sus operaciones

En realidad, los operadores prosperan aprovechando cualquier condición presente en el mercado que afecte a los precios de las acciones. En definitiva, es hacer la acción más rentable y en el momento adecuado.

Sin embargo, esto plantea la pregunta: ¿Cuándo es oportuno comprar y negociar acciones en el mercado? No estamos hablando del momento en que las bolsas abren o cierran el día. Estamos hablando de esas pequeñas ventanas de oportunidades en las que se puede entrar en un día y empezar a operar.

No hay una hora exacta para empezar a operar en un solo día, ya que eso depende en gran medida de la acción en cuestión. Sin embargo, usted puede mirar a ciertos aspectos como:

A. Liquidez

Este factor simplemente indica cuándo es bueno entrar o salir de una operación en función del precio. Lo que debe buscar son los "spreads" en el gráfico, la distancia entre el precio de venta de una acción y su precio de oferta. O también puede buscar un deslizamiento bajo, en el que la diferencia entre el precio esperado de una operación y el precio real no sea tan amplia.

Lo que debe buscar es una distancia que se acerque lo suficiente, pero que nunca se encuentre. Esto le indicaría que puede operar con acciones en ese día con un riesgo mínimo de pérdida.

B. Volatilidad

Esto simplemente indica el rango de precios diario esperado para una determinada acción. Este será el rango con el que deberá operar cualquier trader. La regla general es que el margen de beneficios o pérdidas es mayor cuando la volatilidad es alta. Al fin y al cabo, las diferencias en el gráfico serán mayores si hay más cifras en el rango.

Lo que debe buscar es un rango manejable de volatilidad. Si cree que la diferencia entre las ganancias y las pérdidas es bastante alta para esa hora, tal vez deba abstenerse de negociar esa acción hasta que la brecha se reduzca considerablemente.

C. Volumen

Mide la frecuencia de la actividad con respecto a una acción específica. Para ser más precisos, mide la cantidad de esa acción que se ha comprado, vendido y negociado en un periodo de tiempo determinado. Lo que esto le indica es el interés general por esa acción que, a su vez, puede indicarle un salto inminente en el precio.

La mayoría de las veces, un aumento del volumen de operaciones irá seguido de un pico en el gráfico. Esto puede ser alarmante para cualquier operador, pero puede utilizar ese salto inminente en su beneficio si opera con antelación.

Ahora que sabe qué activos debe buscar y cómo podrían comportarse para ese día, lo que debe buscar es su punto de entrada. Hay herramientas que pueden ayudarle a determinar esto, que incluye:

- **Las noticias - Cada hora se** publican bastantes noticias que mueven el mercado. La fuente de noticias que elijas debe indicarte cuándo pueden producirse esos acontecimientos para que puedas prepararte en consecuencia.

- **Cotizaciones ECN -** Una red de comunicaciones electrónicas le proporcionará información crucial como las cotizaciones de oferta y demanda de múltiples expertos del mercado, a la vez que coteja y ejecuta las órdenes por usted.

Lo que debería buscar es un servicio de suscripción de nivel 2, ya que le proporciona acceso a un libro de órdenes de NASDAQ. En el mejor de los casos, esto le da una idea de cuándo debe comprar acciones o ejecutar órdenes.

Cuando vender

Ahora que sabe cuándo entrar, el siguiente reto es saber cuándo salir del mercado antes de que cierre el día. Su estrategia de salida dependerá de su estrategia general, pero las estrategias de salida más comunes son:

A. Desvanecimiento

Esta estrategia consiste en ponerse en corto con las acciones y se aplica mejor cuando los precios llevan un tiempo moviéndose al alza. Sin embargo, esta tendencia debe considerarse únicamente bajo la presunción de que las acciones estaban sobrecompradas, sus compradores están ahora listos para empezar a beneficiarse de ellas, o que los compradores quieren retirarse lo antes posible.

Se trata de una estrategia bastante arriesgada pero gratificante, ya que la actividad de los compradores casi siempre afectará a los precios de las acciones para bien. En el mejor de los casos, se puede salir del mercado con una cifra fuerte.

B. Scalping

Una de las estrategias más populares que existen, el scalping implica simplemente que usted venda sus acciones en el momento en que empiezan a ser rentables. No importa que exista un precio mejor y que se pueda conseguir para ese día. Por lo tanto, siempre que esté a punto de empezar a ganar dinero con esas acciones, puede empezar a venderlas lo antes posible.

C. El pivote

Esta estrategia aprovecha la gran volatilidad del mercado diario. Para ello, se compran acciones a un precio bajo al comienzo del día, se espera a que suban significativamente y se venden a un precio alto antes de que el mercado cierre el día. Esta estrategia depende bastante de una posible inversión de las cifras de los precios de las acciones. Por lo tanto, la cantidad que ganará al final del día depende de cuánto haya subido el precio ese día.

D. Venta por impulso

Si usted es de los que lee constantemente las noticias y sabe cuándo están a punto de producirse los cambios en el mercado, puede utilizar esta estrategia. Si aparece una tendencia y está respaldada por un alto volumen de actividad bursátil, usted opera con esos valores y termina el día con una cifra considerable. También puede anticiparse a una subida de precios y salirse del mercado antes de que termine el día.

Al igual que con el punto de entrada, es necesario establecer las condiciones sobre el momento en el que desea finalizar el día para sus actividades comerciales. Una vez establecidos los criterios, lo único que queda por hacer es atenerse al plan.

Capítulo VII: Jugar a largo plazo, Parte I:

Entender el riesgo

Independientemente de lo bien equipado que esté y de la experiencia que tenga en el comercio de acciones, nunca hay garantía de que vaya a obtener grandes beneficios en el mercado de valores. No se puede hacer mucho, pero hay cosas dentro del mercado que están fuera de su control.

Todos estos factores pueden resumirse en una palabra: Riesgo

No importa en qué tipo de acciones se invierta. El riesgo siempre estará ahí. Por ello, entender su relación y recompensa es absolutamente crucial para su éxito como inversor/operador.

¿Cuál es la prevalencia del riesgo en las acciones?

¿Recuerda la noción de que un mayor riesgo produce mayores recompensas? Eso, técnicamente hablando, no es correcto. La afirmación más exacta es que un riesgo alto produce un rendimiento potencial alto, pero este último es menos probable si el primero es considerablemente alto. Puede parecer confuso, pero esa es la premisa fundamental de la tolerancia al riesgo.

Si decide invertir que son más arriesgados que los tipos estándar en el mercado, siempre existe la posibilidad de que lo haga:

- **Perder su capital** - Una inversión mal pensada en un bono de alto rendimiento corre el riesgo de que usted pierda una gran parte de su financiación, si no toda.

- **Ser superado por la inflación** - El valor de sus inversiones aumenta a un ritmo más lento que los precios. Esto suele ocurrir si inviertes en bonos como los que ofrece el gobierno.

- **Perder el dinero de la jubilación** - El dinero que se obtiene de las inversiones no es igual a la cantidad que se supone que se debe poner para la jubilación.

- **Se ve abrumado por las comisiones y otros gastos transaccionales** - Los rendimientos que ha obtenido apenas alcanzan para cubrir los gastos en que ha incurrido en sus inversiones.

Entonces, ¿cómo entra en juego el riesgo cuando se trata de sus inversiones? Cada tipo de acción conlleva ciertos tipos de riesgo, por lo que sería mejor que habláramos del riesgo según las tres opciones de inversión más comunes.

A. Acciones

Esta opción de inversión tiene una tasa de rentabilidad bastante fiable del 10%, que es superior a la que pueden ofrecer otras opciones de inversión. Sin embargo, esto también significa que hay que tener mucho cuidado con ellas, ya que no todas las empresas tienen el mismo nivel de exposición al riesgo para los inversores.

Por ejemplo, una empresa más antigua y mejor establecida, con un historial de resultados sólidos y constantes, puede tener un alto potencial de recompensa, pero el riesgo es bajo, lo que la convierte en una opción de inversión segura. Sin embargo, no se puede decir lo mismo de una empresa nueva. En este caso, la volatilidad es bastante elevada, lo que significa que las posibilidades de obtener una recompensa elevada son más bien escasas.

B. Bonos

Un bono es una de las mejores formas de mitigar la exposición al riesgo en su cartera. Dado que un bono es básicamente un préstamo inverso (usted le presta dinero a la empresa en lugar de al revés), la empresa está obligada a pagarle a usted primero, ya que usted tiene más que compartir con un acreedor que el inversor estándar. Debido a esto, los bonos tienen una tasa de seguridad generalmente más alta a pesar de su menor tasa de recompensa.

Y esta seguridad es aún mayor si ese bono en cuestión proviene del gobierno, ya que están obligados por ley a devolverle el dinero más los intereses. Sin embargo, en el extremo opuesto se encuentran los bonos basura, que proporcionan una alta rentabilidad, pero acompañada de un riesgo igualmente alto.

C. Fondos de inversión

Dado que los fondos de inversión son una colección de acciones y bonos, funcionan como una cobertura que podría reducir la exposición al riesgo de su cartera hasta un grado casi insignificante. Por supuesto, importa qué tipo de acciones y bonos se invierten en su fondo de inversión. Si el corredor de su elección decide colocar sus fondos en acciones y bonos malos, la exposición al riesgo no sólo se mantiene, sino que aumenta.

Riesgos específicos de la inversión

Independientemente del tipo de inversión y de la empresa que la ofrezca, es seguro que se enfrentará a algunos riesgos siempre que compre o negocie con acciones y otras opciones de inversión. Estos son algunos de los riesgos más populares que se presentan al invertir en acciones.

1. Precios de los productos básicos

Este riesgo es inherente a las empresas que comercian con determinadas materias primas como el gas, el oro y los metales. Cuando los precios de estas materias primas suben, la empresa se beneficia. Pero si los precios bajan, el rendimiento de la empresa se resiente, así como los precios de sus acciones.

Y si piensa que sólo las empresas que comercian con materias primas pueden verse afectadas por este riesgo, se equivoca. Hay algunos casos en los que las empresas se ven afectadas por la caída de los precios de una materia prima, especialmente si dependen de ella como proveedor o como cliente.

2. Las noticias

Este riesgo es una prueba del poder de los medios de comunicación. Dado que proporcionan información que forma parte de la opinión pública, la forma en que los titulares moldean la percepción del público sobre una empresa acabará ayudando o perjudicando el valor de sus acciones.

Este riesgo se produce a menudo en los acontecimientos que pueden afectar al valor de las acciones, como el desplome de una economía local o las catástrofes naturales. La capacidad de una empresa para responder a estos cambios será importante para mantener la fe de los inversores.

La mayoría de las veces, este riesgo es de naturaleza puramente "simulada". No tiene por qué ser real o factual. Así que, mientras la noticia pueda provocar una reacción masiva de la gente, el riesgo que un mal titular puede suponer para una empresa es bastante considerable.

3. Clasificaciones

Siempre que una organización tercera asigne una determinada calificación a una empresa, dicha calificación también afectará a la forma en que los inversores percibirán la empresa. Por ejemplo, la calificación de análisis que obtiene una empresa en el mercado de valores provocará oscilaciones en la percepción pública y la empresa tendrá que hacer un control de daños para evitar pérdidas. De nuevo, esto es como las noticias, pero con más números.

4. Obsolescencia

El hecho de que la propia naturaleza de una empresa o sus productos y servicios vayan a ser superados puede suponer un duro golpe para el valor de sus acciones. Se trata de un problema con el que suelen lidiar las empresas de larga trayectoria que tienen que seguir el ritmo de la tecnología.

Un ejemplo común de esto es cuando una empresa más joven entra en el mercado, ofreciendo un producto que es similar a lo que ofrecen las empresas más antiguas, pero es mejor y más barato. Se espera que este riesgo aumente a medida que pasen los años con la creación de más tecnologías y la brecha de conocimiento de los consumidores cada vez más estrecha.

5. Escándalos públicos

Digamos que un auditor realiza un análisis de la empresa y descubre que hay discrepancias en sus estados financieros. Peor aún, digamos que los dirigentes de esa empresa están implicados en esquemas de malversación de fondos, no están pagando sus impuestos honestamente y otros escándalos dignos de mención en las noticias.

Si esto ocurriera alguna vez, el daño a la reputación de una empresa entre sus inversores se vería gravemente perjudicado. Esto es lo que le ocurrió a Enron cuando la empresa se vio envuelta en una serie de tramas muy publicitadas, así como en una enorme calamidad medioambiental. En cuanto los inversores se enteran de que la dirección de la empresa no es ética, su respuesta más natural es abandonar la empresa. Esto provoca una caída masiva del valor de las acciones, así como una reputación casi irreparable.

Riesgos sistémicos

Hasta ahora sólo hemos hablado de los riesgos que se encuentran al invertir en acciones. Sin embargo, el riesgo es tan frecuente que incluso es inherente al propio mercado. En otras palabras, hay factores que están absolutamente fuera de su control y que, sin embargo, podrían echar por tierra todos sus planes.

Si escucha con atención las noticias del mercado de valores, se encontrará con ciertas noticias sobre acontecimientos aparentemente no relacionados que los inversores temen que afecten a los precios en el mercado de valores. En serio, ¿qué tiene que ver que una persona sea elegida como presidente de EE. UU. o primer ministro británico con los precios de las acciones? ¿Qué tiene que ver una pandemia mundial con el mercado de valores?

Lo cierto es que, independientemente de la explicación, la ocurrencia de tales acontecimientos influiría, por lo general, en la actividad de diversos mercados bursátiles. Para entender cómo hay que saber en qué formas se presentarían estos riesgos.

A. Política

Este riesgo proviene de los cambios de administración, las políticas gubernamentales, los cambios en los movimientos políticos y las ideologías, y otros acontecimientos que podrían afectar al movimiento de las materias primas en todo el mundo.

Por ejemplo, la guerra en Oriente Medio provocó cambios masivos en el mercado bursátil entre los años 90 y 2000, mientras que la bolsa del Reino Unido experimentó un periodo de volatilidad cuando el país decidió abandonar la Unión Europea. Otro buen ejemplo es la agitación política en Venezuela en la década de 2000, que hizo desaparecer su mercado de valores.

B. Deuda nacional

Este riesgo suele producirse cuando un Estado no puede hacer frente a las deudas que ha contraído con el Banco Mundial o el Fondo Monetario Internacional. Debido a la deuda, todos los productos financieros como las acciones, los bonos y los fondos de inversión son los primeros en verse afectados. Esto ocurrió en Grecia en 2009, cuando el país no pudo pagar su deuda y, como consecuencia, los precios de las acciones de la economía griega se desplomaron.

C. El medio ambiente

Estos acontecimientos son imprevistos o, si se prevén, inevitables. Una sola catástrofe natural puede hacer mucho daño en el mercado de valores, especialmente en un centro financiero importante.

D. Valor de mercado

Debido a las tendencias imperantes, el valor de las inversiones acabará fluctuando. Sin embargo, en algunos casos, perderán bastante valor, lo que conduce a una caída.

Las recesiones son quizá una de las amenazas más directas para el valor de su cartera. Cuando el mercado inmobiliario estadounidense se desplomó en 2008, el valor de las inversiones en la Bolsa de Estados Unidos también disminuyó. Por supuesto, esto desencadenó un frenesí en los inversores que se apresuraban a rescatar antes de perder todo su dinero.

E. Tipos de interés

Se sabe que un cambio en los tipos de interés en el mercado ralentiza toda una economía. La razón es que las empresas y los inversores son ahora un poco más cautelosos con sus actividades de gasto. Esto afecta principalmente a los bonos, pero las acciones también pueden verse afectadas por los cambios en los tipos de interés.

Cómo saber si está en un mercado alcista o bajista

¿Cómo se puede saber que se está en un mercado alcista o en un mercado bajista? Hasta ahora, hemos hablado de aprovechar cualquier condición del mercado, pero ¿cómo se prepara un inversor para un próximo cambio de tendencia en el mercado de valores?

Lo primero es que no existe una definición adecuada de mercado alcista o bajista. Nadie puede decirle exactamente cuáles son estas condiciones de mercado. Sólo se puede saber que el mercado está entrando en la fase alcista o bajista prestando atención a los cambios en las tendencias o cifras de las acciones.

A. Mercado alcista

El mercado alcista es aquel en el que el mercado sigue una fase ascendente. Se puede decir que las cosas van bien cuando los índices de rendimiento crecen un 20%. sin embargo, ese crecimiento no es suficiente. Debe seguir inmediatamente a un descenso del 20% o más.

Por lo tanto, si la caída del mercado está en el 25%, pero éste ha subido al 19%, entonces el mercado está entrando en su fase alcista. El mercado permanecerá en esa fase mientras el índice no vuelva a situarse en un rango del 20% o superior.

Si quiere ser un poco más elegante, también puede declarar una fase alcista si la subida y la bajada se producen al cierre de un mercado. Así, si el mercado cierra en el límite del 20%, entonces usted, como inversor, está saliendo de él en una fase alcista.

B. Mercado bajista

Si el mercado alcista es una oscilación al alza, el mercado bajista es todo lo contrario. Cuando el índice cae al 20% tras una ganancia del 20% o más, entonces el mercado está entrando en su fase bajista.

Además, a diferencia de los mercados alcistas que se suceden, los mercados bajistas sólo se suceden después de un mercado alcista. No hay un mercado bajista después de un mercado bajista. Por lo tanto, mientras el índice se mantenga en la caída del 20%, se trata de una fase bajista singular, sin importar cuántas veces haya cerrado el mercado en el día.

El resultado final

La presencia predominante del riesgo en el mercado le dirá que no existe un mercado de valores libre de riesgo. Además, no hay una respuesta correcta o incorrecta al riesgo. Cada vez que surge un riesgo potencial, existe la opción de mantener las inversiones hasta que las cosas mejoren o de abandonarlas y quedarse con la parte del dinero que le quede.

Dicho esto, hay una manera de mitigar los riesgos que se encuentran sin desviarse necesariamente de sus planes.

Capítulo VIII: Jugar a largo plazo, Parte II: Mitigar el riesgo

Ahora que sabe que el riesgo puede venir de cualquier parte del mercado de valores, lo siguiente que tendrá que hacer es reducir sus efectos en su cartera de inversiones. Existen múltiples formas de mitigar los riesgos en el mercado de valores y puede utilizarlas independientemente de su estrategia general.

Pero, antes de pasar a ellas, es mejor que resolvamos otra cosa primero.

Gestión de las deudas

Su capital es su activo más importante, como el de un inversor bursátil, que es la barra de sus habilidades y herramientas. Al fin y al cabo, no se puede invertir sin dinero. Sin embargo, recuerde que los corredores de bolsa como el S&P 500 obtienen un rendimiento del 10% como media cada año. Aunque se trata de un rendimiento bastante saludable para cualquier inversión, sigue siendo considerablemente inferior a cualquier tipo de interés que pueda imponerle una tarjeta de crédito, que puede llegar a ser del 15%.

Por ello, si tiene obligaciones crediticias, es mejor que las liquide primero antes de empezar o reanudar la inversión en bolsa. Lo mismo ocurre con los préstamos personales.

Pero, en algunos casos, la deuda de la tarjeta de crédito es inevitable. Entonces, ¿cuándo debería empezar a dar prioridad a su tarjeta de crédito y a su deuda personal antes de invertir? No hay una cifra exacta, pero, para estar seguro, no inviertas cuando tengas una tarjeta de crédito o un préstamo con un tipo de interés superior al 5%.

Si se toma en serio la idea de invertir en el mercado de valores, independientemente de si tiene deudas o no, se recomienda reservar dinero específicamente para invertir. Un fondo de emergencia debe ser una especie de ahorro en el que usted ha reservado una parte de sus ingresos mensuales para prepararse para invertir.

Esto significa que debería haberse preparado con años de antelación antes de empezar a aventurarse en el mercado de valores. Si eso no es posible, asegúrese de que todas sus deudas están saldadas antes de empezar a invertir.

Al menos, de esta manera, no tiene que hacer malabares con dos obligaciones diferentes al mismo tiempo.

Promedio del coste del dólar: Ventajas y desventajas

Hace unos capítulos, hablamos de cómo se utiliza el promediado de costes en dólares. Pero ¿qué ventajas ofrece? La más directa sería que reparte su exposición al riesgo de manera uniforme a lo largo del tiempo.

La otra ventaja es la automatización. Con un precio fijo cada mes, no tendrá que dedicar mucho tiempo a reflexionar sobre cuánto va a gastar cada mes y cuántas acciones debe adquirir. Incluso hay aplicaciones que permiten automatizar no sólo la asignación del presupuesto, sino también la propia inversión en acciones,

Otra ventaja es que elimina la necesidad de encontrar el punto de entrada y salida adecuado cada vez que se abre el mercado. Por lo menos, puede realizar sus actividades sin tener que esperar a una buena oscilación del mercado.

Pero si alguna vez hubo una desventaja con el promediado del coste en dólares, sería que no es suficiente para hacer frente al coste del promediado a largo plazo. La estrategia sólo es buena para rendimientos inferiores a la media.

Financiación por índices basada en la IA

A partir de ahora, debería darse cuenta de que la gestión activa de sus fondos es bastante cara. Al fin y al cabo, está pagando a alguien para que invierta por usted y así poder batir el rendimiento medio del mercado. A largo plazo, esto va a consumir una gran parte de su dinero.

Por supuesto, no se puede eliminar el elemento de error, ya que otra persona dirige la operación en su nombre. Por ello, muchos fondos de gestión activa obtienen resultados inferiores a los del mercado.

Por ello, sería mejor que optara por una plataforma de financiación de índices pasivos. Su sistema funciona mediante el uso de una IA que puede imitar con precisión el movimiento de índices como el S&P 500. Al tratarse de una IA, no es necesario pagar por un gestor de fondos, y el error humano queda igualmente eliminado.

Lo que pagará, en cambio, son los coeficientes de gastos, cuyo coste es inferior al del salario de un gestor de fondos en un 90%. En otras palabras, podrá proteger más su dinero dejando que un sistema informático automatizado realice las actividades de financiación por usted.

Sorpresas en los beneficios

Imagínese este escenario: ¿alguna vez ha seguido de cerca los beneficios de una determinada empresa, esperando que siguieran una determinada trayectoria, sólo para desviarse en un punto clave? Por ejemplo, esperaba que los beneficios de una empresa siguieran cayendo en picado, pero en un solo día aumentaron considerablemente.

Es una grata sorpresa, ¿verdad? Al fin y al cabo, los beneficios han superado las previsiones de los expertos del sector. Técnicamente, debería preocuparse. Las sorpresas son un indicio importante de que las previsiones para ese día no eran tan precisas como se quería.

Si se sabe que las acciones en las que ha invertido ganan mucho y las previsiones de los analistas están muy alejadas, el riesgo es mayor para usted. Este nivel de incertidumbre puede hacer que se sienta aprensivo a la hora de especular sobre los resultados de una empresa en el futuro.

Piénsalo: si mucha gente se equivocó en su previsión de beneficios para esa empresa, ¿en qué más se equivocó ese día?

Entonces, ¿cómo se puede saber que habrá sorpresas en las ganancias de una empresa? He aquí algunos aspectos en los que hay que fijarse.

- **Cobertura limitada o nula -** No hay muchos analistas que sigan este valor.
- **La empresa es nueva -** Las empresas nuevas no tienen mucho historial que indique buenos resultados. Por lo tanto, los inversores y los analistas no tienen mucho que hacer para predecir sus ganancias.
- **Sin tendencia consistente -** Cuando los analistas cubren esa acción, sus estimaciones y predicciones no comparten ningún punto o tendencia común. Esto sólo refleja el hecho de que hay mucha incertidumbre con respecto a esa empresa.

Naturalmente, las predicciones para una empresa se vuelven más estables cuanto más tiempo se desempeñan en ella. Ya sea bueno o malo, un historial y un índice de rendimiento considerable pueden ayudar a los analistas a predecir lo que podría ocurrir a continuación, con un énfasis clave en la palabra "podría".

Bajo P/E

Muchos inversores tienen la idea de que el comercio a nivel de ganga es la mejor manera de tener éxito en el mercado de valores. Y para encontrar esas gangas baratas, estos inversores utilizan el ratio Precio/Beneficio.

Si la acción está obteniendo un nivel de beneficios superior a su precio, el ratio P/E clasificaría esta acción como infravalorada. Esto significa que se puede comprar la acción barata y venderla más tarde a un precio más alto.

Sin embargo, las apariencias pueden ser engañosas. La relación P/E puede ser baja, pero no tiene en cuenta el amplio abanico de riesgos que podrían afectar a los precios de las acciones en el futuro. La cuestión es que nunca se debe depender completamente del PER para determinar qué acciones son baratas.

De hecho, es mejor utilizar otros ratios como el de flujo de caja por acción e incluso el análisis de los expertos del sector.

Diversificación de la cartera

Quizás una de las estrategias más potentes que puede utilizar para mitigar el riesgo es la diversificación de su cartera. El acto de diversificación consiste simplemente en añadir diferentes tipos de inversiones a su cartera. El concepto es que una mayor variedad de diversificación en su cartera le proporcionará un alto rendimiento y reducirá el riesgo al repartir su presencia en diferentes sectores del mercado de valores.

Diversificar las inversiones no es precisamente una idea nueva. Realmente se necesita cuidado y atención a los detalles para diversificar sus inversiones en lugar de ser reaccionario e impulsivo. En esencia, la diversificación de sus inversiones debería haber formado parte de su plan y no sólo responder a cualquier exposición al riesgo.

Una vez aclarado esto, he aquí algunos consejos que hay que tener en cuenta para diversificar sus inversiones.

1. Variar las existencias

Sus acciones individuales no deben ser idénticas entre sí, ya que es una forma segura de perder valor en caso de que ocurra lo peor. Por ejemplo, no debería invertir en un tipo de acción de 100 dólares por acción cada vez que entre en el mercado. Intente buscar acciones más baratas que le permitan comprar más con el mismo presupuesto.

Además, nada dice que no se pueda invertir en la competencia. Las acciones de cada empresa tienen su propia tasa de rendimiento, crecimiento y otros parámetros de rendimiento. Lo mismo ocurre con los bonos, ya que se desea contar con distintos niveles de características crediticias, duración de los plazos y períodos de vencimiento.

Cuanto menos homogéneo sea su acción a simple vista, más seguro será con el paso del tiempo.

2. Cuidado con la calidad

Tener muchas inversiones no constituye por sí solo una cartera diversificada. En lo que debe centrarse es en la variedad de dichas inversiones, lo que significa que su cartera no debe centrarse en acciones,   bonos, fondos, materias primas y otras opciones por sí solas.

Para que su cartera sea realmente diversa en cuanto a calidad, debe comprender lo que aporta cada tipo de inversión. Una cartera diversificada tendrá:

- Acciones para el crecimiento
- Bonos para aumentar los ingresos
- Los fondos inmobiliarios como red de seguridad contra la inflación
- Inversiones globales para un mayor crecimiento y poder adquisitivo
- Dinero para la estabilidad

3. Diversificar por categorías de inversión

Puede llevar la diversificación aún más lejos invirtiendo en diferentes acciones dentro de la misma categoría. Por ejemplo, si ha empezado con algunas empresas de atención sanitaria, tal vez pueda buscar acciones de empresas financieras, servicios de alimentación y venta al por menor. Al menos, esto evita que su cartera pierda valor si un sector se enfrenta a una grave crisis durante un periodo de tiempo.

Si no dispone de mucho capital, diversificar su cartera comprando acciones individuales puede resultar caro. Por ello, su siguiente mejor opción son los fondos de inversión. Como ya se comentó ampliamente hace unos capítulos, los fondos de inversión son como una colección de tipos de inversión procedentes de diferentes sectores a una fracción del coste.

Para sacar verdadero provecho de los fondos de inversión, busque tipos que ofrezcan opciones de inversión a escala mundial o que procedan de diferentes mercados aparentemente no relacionados. Deberían proteger y diversificar su cartera al instante.

4. Despliegue

Limitarse a los valores o sectores con los que se siente más cómodo puede ser bueno, pero es mejor que no se quede estancado en esas áreas durante demasiado tiempo. Puede dispersarte rápidamente con la ayuda de un fondo de inversión en el que puede elegir invertir en otras empresas. Estas empresas ni siquiera tienen que ser nuevas. Pueden ser empresas cuyos productos utilices a diario o, al menos, que estén dirigidas por personas que conozcas.

Por supuesto, las acciones no son lo único que hay que tener en cuenta cuando se es inversor. Las diferentes opciones de inversión que se ofrecen en el Capítulo II tienen su propio conjunto de ventajas y rendimientos potenciales que puede utilizar para crear una red de seguridad para sus inversiones. Por el momento, las materias primas como el oro ofrecen el mayor índice de seguridad, ya que se sabe que tienen un rendimiento fiable incluso en malas condiciones económicas.

Además, no invierta únicamente en su mercado local. Piense en ir a nivel nacional o mundial, ya que hay muchas otras empresas que buscan inversores en el extranjero y cuyos mercados locales tienen un margen de competencia más benigno en el que puede participar.

Sin embargo, tenga cuidado de no dispersarse demasiado. Debe mantener su cartera en un tamaño manejable. Como mínimo, añada 20 o 30 valores nuevos a su cartera durante un año para diversificarla.

5. Encontrar un buen equilibrio entre acciones y bonos

Puede dar un paso más añadiendo más acciones y bonos individualizados a su cartera. La proporción de acciones en comparación con la de bonos en su cartera dependerá en gran medida de su tolerancia y de su estrategia general de inversión, pero asegúrese de que los bonos no abrumen a sus acciones.

Si, por ejemplo, tiene 30 acciones adquiridas este año, puede añadir entre 5 y 10 bonos a su cartera. Los expertos recomiendan incluso que se atenga a una distribución de 8:2 o 9:1 entre sus acciones y bonos.

La razón es que las acciones y los bonos se comportan de forma diferente en el mercado. Los bonos ya tienen un alto índice de seguridad, pero no tienen un alto rendimiento. Por otro lado, las acciones tienen un alto rendimiento, pero un bajo índice de seguridad. Puede utilizar los bonos para hacer que su cartera sea más segura, mientras que las acciones están ahí para aumentar el flujo de efectivo.

6. Cuidado con la exposición al riesgo

Una forma de mitigar el riesgo es elegir valores con diferentes tasas de rendimiento. De este modo, se asegura de poder seguir disfrutando de ganancias sustanciales en caso de que una empresa o un sector tenga un rendimiento inferior durante un periodo de tiempo.

Aquí es donde la globalización también puede ayudarle, ya que algunos países tienen bolsas de valores con una dinámica, una competencia y una exposición al riesgo diferentes, lo que debería equilibrar las desventajas inherentes de su mercado de valores local.

Sin embargo, aunque la diversificación le protege de las pérdidas, le deja expuesto a otro riesgo: la cantidad que paga en rendimientos anuales. Esto se debe a que cualquier cosa que aumente o reduzca el riesgo también aumentará o reducirá el potencial de recompensas.

7. Saber cuándo hay que salir

Un error que cometen muchos de los que utilizan el promedio de costes en dólares y los fondos automatizados como estrategias es que no se molestan en prestar atención a lo que está sucediendo. Esos sistemas y gestores de fondos no pueden hacer mucho, pero un inversor sigue teniendo que tomar decisiones aquí y allá para optimizar sus inversiones.

Manténgase en contacto con el mercado y preste atención a cualquier cambio potencial. También debe estar al tanto de cualquier cambio que se produzca en las empresas en las que invierte. Esto le ayudará a tomar decisiones informadas y a determinar cuándo es el momento de empezar a recortar sus pérdidas.

Los fundamentos de la cobertura

Dado que el riesgo es inevitable, el último contador podría utilizar alguna forma de protección contra pérdidas. Aquí es donde entra en juego la cobertura, que consiste simplemente en que el inversor establezca mecanismos de seguridad para protegerse de los efectos negativos de un acontecimiento no deseado.

La mejor manera de entender la cobertura es pensar en ella como un seguro. Cuando algo sucede a los activos cubiertos, que en este caso son sus inversiones, algo le protegerá de las pérdidas que pueda sufrir.

Curiosamente, algunas medidas de cobertura actúan como verdaderos seguros. Por ejemplo, supongamos que usted posee acciones de la empresa 456, que opera en el sector de la restauración. Aunque la empresa tiene un largo historial de buenos resultados y beneficios, a usted le preocupan sus resultados a corto plazo debido a una fuerte caída del sector.

Para protegerse en caso de pérdidas en la empresa 456, usted compra una opción de venta en la que se le otorga el derecho a vender sus acciones en el mercado a un precio fijo. Ahora bien, si los precios de las acciones cayeran muy por debajo del precio de la opción de venta, las pérdidas en las que haya incurrido se compensarán con las ganancias de la misma opción de venta.

La cobertura también funciona en los casos en los que una empresa depende de determinadas materias primas. Digamos que la empresa 963 produce cerveza y, por tanto, depende de los precios de la levadura en el mercado. Así, 963 se encontraría en un aprieto si los precios de la levadura aumentaran enormemente.

Para protegerse contra este tipo de evento, 963 podría suscribir un contrato a futuro o a plazo que permita a la empresa comprar levadura a un precio determinado durante un periodo de tiempo en caso de que se produzca la mencionada subida de precios.

Éstas son sólo algunas de las denominadas coberturas que pueden establecer los inversores y las empresas en previsión de acontecimientos no deseados. Sin embargo, usted mismo puede establecer un sistema de cobertura para sus inversiones utilizando algunas de las estrategias que se indican a continuación.

A. **No se olvide del dinero en efectivo**

Las cuentas de ahorro, los depósitos en efectivo y los certificados de depósito no se ven afectados en parte por la volatilidad del mercado. La razón es que el efectivo posee una agilidad y versatilidad que le permite prosperar donde otras inversiones pueden verse obstaculizadas. Por supuesto, esto tiene un precio, ya que el dinero en efectivo tiene poca o ninguna rentabilidad y no proporciona mucho poder adquisitivo en caso de inflación.

B. Invertir en oro

El oro tiene quizás uno de los historiales más fiables de todas las materias primas. Aunque los precios fluctúan, su rendimiento nunca ha caído por debajo de lo negativo desde hace más de un siglo. Tener algunas inversiones en oro debería, al menos, proporcionar cierta estabilidad a su inversión en caso de que se produzca una gran recesión económica.

C. Hacer llamadas cubiertas

Una opción de compra cubierta implica la venta de opciones de compra con dinero a cambio de posiciones largas en acciones. Aunque no reduce en absoluto su exposición al riesgo, al menos compensa las posibles pérdidas que pueda sufrir. Sólo recuerde que esta estrategia sólo funciona bien con acciones individuales que van a bajar de precio. En caso de que el precio de las acciones suba por encima del precio de ejercicio, las pérdidas en las que podría incurrir en la posición de la opción compensarán cualquier ganancia que fuera a recibir en la renta variable.

D. **Rendimientos inversos**

A partir de ahora, puede comprar ETFs y otros valores financieros que parecen apreciar su precio cuando otras acciones están perdiendo dinero. Sólo hay que tener en cuenta que la mayoría de estos productos están apalancados, lo que requerirá un capital para su cobertura. Sin embargo, también se pueden negociar a través de una cuenta ordinaria de operaciones bursátiles.

D. **Ir a la defensa**

Invertir en sectores defensivos como los servicios públicos, los productos de consumo e incluso los bonos no es exactamente una maniobra de cobertura. De hecho, es una mezcla entre cobertura y diversificación. Pero lo que hace que esta estrategia funcione es que desplaza el enfoque de su cartera hacia activos de baja beta.

Lo que significa simplemente que la exposición de su inversión sigue siendo la misma (lo que mantiene la recompensa potencial al mismo nivel, también) pero le da suficiente margen para mantenerse activo incluso en condiciones de mercado desfavorables.

Para concluir

Aunque intente aplicar estas estrategias de mitigación del riesgo, debe recordar que son tan eficaces como la forma en que las aplique. Si no aplica su estrategia correctamente, como en el caso de las opciones o los futuros, puede acabar gastando más cuando otros están tratando con precios más baratos.

Además, ninguna de estas estrategias eliminaría el riesgo en última instancia. Sigue existiendo la posibilidad de que, incluso con todos los mecanismos de seguridad, acabe perdiendo al final del día. Sin embargo, al menos minimizan los efectos para que sólo acabe perdiendo parte del valor de sus acciones, no todo.

Conclusión:

Al final del día, después de todo lo que ha aprendido, queda una pregunta por hacer:

¿Qué significa el éxito para un inversor como yo?

Puede parecer una pregunta capciosa porque, en realidad, lo es. Cada inversor en bolsa tiene su propia forma de responder a esta pregunta. Pero, a modo de resumen de todo lo que ha aprendido en este libro, el éxito tiene una forma determinada para cada inversor en bolsa.

En primer lugar, y el más básico de todos, sería un estilo de vida de inversión que se basa en los fundamentos y la disciplina. Sinceramente, nunca hay que tratar toda la actividad de inversión/comercio como un juego de azar. Esta actividad no se basa en la pura suerte (aunque sí que influye de alguna manera), sino en un estudio minucioso de lo que ocurre en el mercado.

También implica luchar contra las tendencias más negativas que pueda desarrollar como inversor. Esto incluye volverse impulsivo con sus decisiones o abandonar sus planes a la primera mención de problemas. La mayoría de las veces, son los operadores e inversores disciplinados los que duran mucho tiempo en el mercado.

La segunda sería un uso inteligente de todas las herramientas, habilidades y estrategias a su disposición. Cada operador/inversor tiene su propia experiencia en el mercado, aunque opere con los mismos valores y utilice las mismas herramientas de análisis. Hay que recordar que existe un alto grado de incertidumbre en el mercado a pesar de todas esas previsiones y especulaciones.

Por ello, debe esforzarse por aplicar lo que ha aprendido de forma que se adapte a su situación, y no al revés. Un buen inversor no sólo sabe qué herramienta de análisis debe utilizar o qué ratio debe estudiar, sino que también puede adaptarse a los cambios repentinos del mercado. Su capacidad de adaptación y su creatividad como inversor en bolsa serán más importantes que su capacidad para citar complejas fórmulas de análisis.

Por último, y quizás lo más importante de todo, es esa sensación de que se tiene un mayor grado de comprensión sobre las variables del mercado de valores. En realidad, no hay forma de "vencer al sistema". Independientemente de lo que ganes al final del día, el mercado bursátil sigue funcionando de la misma manera que desde los años 20. Independientemente de las empresas y los operadores que hayan ganado a lo grande ese día y de las condiciones que haya en el mercado actualmente, la bolsa volverá a abrir al día siguiente para hacer lo mismo. Y al día siguiente.

Por lo tanto, lo único que puede esperar lograr aquí es terminar el día de negociación en sus términos. Esto significa encontrar las acciones adecuadas para negociar y abrir, negociar las mismas al precio más valioso para usted, y salir del mercado con mucho más valor o dinero que el que empezó hace unas horas. Y una vez hecho todo esto, puede llegar a abrir con cifras fuertes en el día siguiente.

Puede que esto no inspire mucha confianza, pero es cierto si su único parámetro de éxito es ganar mucho como inversor en bolsa. Como se dijo al principio, lo que determinará la victoria de cualquier inversor en bolsa no es el beneficio, sino la supervivencia. Si puede conseguir hacer lo que quiere en el mercado de valores todos los días sin desangrar sus fondos, entonces puede considerarse un inversor bursátil de éxito.

Y con esto llega el final de este libro. Espero que haya aprendido mucho sobre los fundamentos de la inversión y el movimiento en el mercado de valores. Ahora sólo queda aplicar todo lo que ha aprendido y alcanzar el grado de éxito que se haya propuesto.

Buena suerte.

Bibliografía

Libros

- Graham, B., Zweig, B., y Buffett, W.E., "The Intelligent Investor: The Definitive Book on Value Investing", 2006
- Mladjenovic, P., "Stock Investing for Dummies", 2020
- Aziz, A., "How to Day Trade for a Living: Guía para principiantes sobre herramientas y tácticas de trading, gestión del dinero, disciplina y psicología del trading", 2016
- Malkiel, B., "Un paseo aleatorio por Wall Street: La estrategia probada en el tiempo para tener éxito", 2020
- Snow, T., "Guía de inicio rápido de la inversión: La guía simplificada para principiantes para navegar con éxito en el mercado de valores, hacer crecer su riqueza y crear un futuro financiero seguro: 2018
- Bogle, J., "El pequeño libro de la inversión con sentido común: La única manera de garantizar su parte justa de los rendimientos bursátiles", 2017

Revistas

- Peavy, J.W., y Safran, J., "How Efficiently Does the Stock Market Process News of Price Anomalies?", The Journal of Investing, 2010
- Foster, J.D., Reidy, D., Misra, T., Joshua, S., "Narcissism and Stock Market Investing:

Correlates and Consequences of Cocksure Investing", Personality and Individual Differences, 2011

- Clark, E.A, y Tunaru, R., "Emerging Markets: Stock Market Investing with Political Risk", SSRN Electronic Journal, 2001

Artículos del sitio web

- Chen, J., "Risk", Investopedia, 6 de octubre de 2020. Enlace: https://www.investopedia.com/terms/r/risk.asp
- Kay, M.F., "3 Reasons Why Investors Fail and What We Can Do About It", Forbes.com, 29 de octubre de 2013. Enlace: https://www.forbes.com/sites/michaelkay/2013/10/29/3-reasons-why-investors-fail-and-what-we-can-do-about-it/?sh=71624871a17b
- Beers, B., "Cobertura vs. Especulación: ¿Cuál es la diferencia?", Investopedia, 4 de mayo de 2019. Enlace: https://www.investopedia.com/ask/answers/difference-between-hedging-and-speculation

Descripción

El libro número 1 sobre inversiones en bolsa

Compre la versión en rústica y obtenga la versión en kindle gratis

1. El mercado de valores tiene sus peculiaridades. Es un mundo en el que un pequeño asunto tiene el potencial de crear un impacto masivo. Una cosa añadida o una cosa omitida puede ser la diferencia entre ganar un millón de dólares o perderlo todo.

2. No hay escasez de inversores. En el mundo hay muchos. Y puede estar seguro de que algunos tienen mucho éxito mientras que otros lloran amargamente por sus pérdidas.

3. La razón por la que la mayoría de los inversores fracasan es que abordan la inversión como si fuera un juego de lotería. Son personas que se dejan llevar por el azar. No tienen ningún plan. Se tambalean de una inversión fallida a otra, dando puñaladas en la oscuridad, y pronto pierden todo su dinero.

4. Este libro se ha escrito para ayudarle a convertirse en un inversor inteligente. Un inversor inteligente no es un jugador de azar. Un inversor inteligente es un vanidoso que aprovecha las incoherencias del mercado mucho antes de que otros se den cuenta.

5. Aprenderá todos los fundamentos de la inversión bursátil y cómo optimizar sus inversiones y obtener los mayores beneficios posibles.

6. Un inversor no debe convertirse en un especulador, ya que un especulador actúa según sus instintos en lugar de su intelecto cuando ejecuta operaciones.

7. El mercado de valores no es un lugar mítico más allá de la comprensión humana, ni un lugar reservado a personas con una genética especial. Los inversores que han hecho una fortuna con la bolsa son personas normales, como cualquier otra, salvo que se tomaron su tiempo para entenderlo todo antes de intentar entrar en el juego.

8. Hay muchas inversiones en los mercados de valores más allá de las acciones. Puede invertir en bonos y fondos como los fondos de inversión y los fondos indexados.

9. Invertir en OPIs le da la oportunidad de poseer una parte de una empresa y, a cambio, usted contribuye a

proporcionar a la empresa los recursos que tanto necesita.

10. Lo mejor que puede hacer un inversor antes de aceptar una operación de inversión es realizar un análisis fundamental.

11. El análisis fundamental es la evaluación de la salud financiera de una empresa con la intención de consolidar su interés en la misma o de descubrir cualquier bandera roja.

"Las estrategias para tener éxito como inversor son atemporales. Funcionaron hace toda una vida en la época de Ben Graham (el padre de la inversión en valor) y siguen funcionando hoy en día."